农研智库丛书

农业农村部农村经济研究中心
中国乡村振兴发展中心 ◎组织编写

走向富裕

从摆脱贫困到乡村振兴的县域实践

金文成◎主编　　**谢中武　张 斌　王晓杨　何安华**◎副主编

中国出版集团有限公司
研究出版社

图书在版编目 (CIP) 数据

走向富裕：从摆脱贫困到乡村振兴的县域实践 / 金
文成主编；谢中武等副主编 . — 北京：研究出版社，
2025.7. -- ISBN 978-7-5199-1759-3

Ⅰ . F322

中国国家版本馆 CIP 数据核字第 2024BZ9715 号

出 品 人：陈建军
出版统筹：丁　波
丛书策划：寇颖丹
责任编辑：寇颖丹

走向富裕
ZOUXIANG FUYU
从摆脱贫困到乡村振兴的县域实践
金文成　主编
谢中武　张　斌　王晓杨　何安华　副主编

研究出版社 出版发行
（100069　北京市丰台区右外西路2号 中国国际出版交流中心3号楼8层）
北京建宏印刷有限公司印刷　新华书店经销
2025年7月第1版　2025年7月第1次印刷
开本：710毫米×1000毫米　1/16　印张：13.5
字数：200千字
ISBN 978-7-5199-1759-3　定价：59.00元
电话（010）64217619　64217652（发行部）

序 言

共同富裕是社会主义的本质要求，是中国式现代化的重要特征。自古以来，中华儿女就有追求"大同社会"的美好愿景。中国共产党始终坚持全心全意为人民服务，把人民群众对美好生活的向往作为自己的奋斗目标，团结带领中国人民不断探索符合中国实际的走向共同富裕的发展道路。经过几代人的不懈努力，特别是进入中国特色社会主义新时代以来，我们全面打赢脱贫攻坚战，彻底消除了绝对贫困，如期实现了第一个百年奋斗目标，正昂首阔步向第二个百年奋斗目标迈进。全面建设社会主义现代化国家，扎实推进共同富裕，最艰巨、最繁重的任务仍然在农村，必须加快推进乡村全面振兴，持续缩小城乡差距。

从脱贫攻坚到乡村振兴，县域都是的主战场。古语云："郡县治，天下安。"县域是我国行政体制的基本单元，是创造性落实党的"三农"政策的关键主体。脱贫攻坚时期，832个国家级贫困县全部脱贫摘帽是重点任务；巩固拓展脱贫攻坚成果，160个国家级重点帮扶县依然是重点区域；推进乡村全面振兴，国家乡村振兴示范县是先行标杆。县域更是城乡融合发展的重要切入点，要在县域内率先突破城乡二元结构，实现城乡要素平等交换、双向流动，实现城乡产业融合化、基础设施一体化、公共服务均等化、城乡居民收入均衡化。

摆脱贫困后，如何通过乡村振兴逐步实现共同富裕，是众多脱贫县乃至一般县强烈关注的重大课题。为深入总结各地实践探索，更好支撑国家"三农"决策，2023年农业农村部农村经济研究中心（下文简称"农研中心"）联合华中师范大学、河南农业大学、广州大学、北京市农村经济研究中心等单位从全国选择10个典型县（市）开展了蹲点调查，形成了调查报告、案例报告、决策咨询报告等一系列调查研究成果。为促进该领域的研究交流，现将其部分成果结集出版。

本书按照"1+3+10"的总体框架，包括综合篇、专题篇、县域篇三个部分，具体由一篇总报告、三篇专题报告、十篇县域调查报告构成。其中，第一章为十县调研总报告，聚焦巩固拓展脱贫攻坚成果、加快推进乡村全面振兴主题，说明了调查县域的选择依据和基本情况，总结了各地的主要做法及成效、面临的困难与挑战，并提出了有关建议。调查发现，近年来各地区立足自身实际，坚持农业农村优先发展，强化兜底保障、就业帮扶、精神文明建设，大力发展县域特色产业，逐步建立了低收入人口和欠发达地区常态化帮扶机制，牢牢守住了不发生规模性返贫的底线，增强了脱贫地区和脱贫人口的内生发展动力，但也面临着帮扶机制不完善、部分地区和群众发展能力弱、城乡总体发展差距大、乡村振兴要素支撑不足等突出问题，亟须以提升欠发达地区经济发展动能和活力为目标，聚焦产业转型升级，深化改革创新，健全常态化帮扶机制，加快补齐农村基础设施、公共服务和人居环境短板，扎实推进乡村全面振兴，引领广大农民走向共同富裕。

专题篇包括三个专题报告，分别从低收入人口持续增收、欠发达地区常态化帮扶、县域经济高质量发展三个方面进行了专题研究。从低收入人口增收来看，全面打赢脱贫攻坚战以后，部分脱贫乡村依然面临脱贫人口收入低且增速较慢的问题，面临外出务工就业稳不住、农业产业化经营联农带农增收不紧密、产业帮扶项目开工不足、易地搬迁社区就业压力大、资源转化效能不显著等问题，脱贫地区未来几年仍然要以衔接资金和相关产业就业扶持政策为抓手，以市场为导向，通过夯实农业发展基础、优化产业帮扶项目结构、提高就业质量、盘活资产等方式，促进低收入人口增加收入。从欠发达地区常态化帮扶来看，部分地区面临帮扶管理体制机制不完善、农业产业化水平不高、县域经济基础薄弱、乡村振兴短板突出等挑战，亟须立足我国县域经济发展现状，进一步优化帮扶资金投入重点与范围，强化产业帮扶力度。从县域经济高质量发展来看，部分地区也探索出了一些可学可鉴的经验做法，通过组织联建，多元参与推进了党建引领体系化，通过集约集群，联农带农助推了乡村产业规模化，通过资源联用、上下同心促进了乡村建设系统化，通过组织起来、共享共治驱动了乡村治理现代化，生动展现了以县域经济高质量发展全面推进乡村振兴取得的显著成效，为扎实推进共同富裕探索了实践路径。

县域篇为10个典型县（市）的具体调研报告。其中，河北蔚县案例由华中师范大学的陆汉文教授团队撰写，该报告聚焦脱贫人口增收，从党建引领、小米产业发展、利益联结机制构建等方面总结了当地促进脱贫人口增收的典型做法，并从挖掘财产性增收潜力、提高经营性增收效率、拓宽工资性收入增收空间、夯实转移性增收基础等方面提出了进一步提高增收速度的对策建议。江西横峰案例由北京市农村经济研究中心的刘雯老师团队撰写，该报告聚焦低收入农民常态化帮扶，以脱贫人口和脱贫不稳定户、边缘易致贫户、突发严重困难户三类监测对象作为低收入农民研究对象，分析了低收入农民常态化帮扶的总体成效，并总结提炼了"四个载体四项保障"的就业帮扶、以现代种业为核心的产业帮扶、"宝石花开、创新模式"的中石油定点帮扶等典型经验模式。广西凌云案例由农研中心市场与贸易研究室的翟雪玲研究员团队撰写，该报告聚焦脱贫地区农民增收，针对当地农民持续增收面临经济基础薄弱、财政负担重、用地限制多、粮经发展矛盾突出、产业带动能力不强、集体经济规模偏小等突出问题，提出要做好脱贫地区资金投入与乡村振兴任务衔接，强化土地、人才、产业支撑，加快推进向乡村全面振兴的建议。贵州正安案例由农研中心经营体制研究室谭智心研究员团队撰写，该报告聚焦欠发达地区常态化帮扶，总结了当地吉他产业发展、东西部劳务协作、易地扶贫安置后扶等特色做法，并从特色产业培育、社会保障政策优化、帮扶资金政策完善等方面提出了具体对策建议。陕西洛川案例由农研中心乡村发展与城乡关系研究室张斌副研究员团队撰写，该报告聚焦特色产业发展，从规划引领、科技创新、绿色发展、园区带动、品牌营销等方面，系统梳理了洛川发展苹果产业的经验做法，并针对自然灾害多发、生产成本上升、三产融合不足、科技创新集成推广不够等问题提出了对策建议。黑龙江饶河案例由农研中心乡村发展与城乡关系研究室何安华研究员团队撰写，该报告聚焦县域经济发展，梳理了当地在特色产业基地建设、电商发展、农村集体经济、农业社会化服务、庭院经济发展方面的实践经验，从生态资源开发、重大基础设施建设、人才引育支撑等方面提出了推动边境县域发展的对策思考。河南林州案例由河南农业大学李伟教授团队撰写，该报告聚焦文化振兴，阐释了红旗渠精神在巩固拓展脱贫攻坚成果、农村人居环境建设、县域产业发展和基层治理体系建设四个方面的作用发挥情况。四川青川案例由农研中心乡村发展与城乡关系研究室习银生研究员团队撰写，该报告聚焦产业园区建设，对当地以"大园带小园"模式推动农业现代化、夯实脱贫攻坚和乡村振兴产业基础的经验做法进行了系统总结。广东高州案例由广州大学谢治菊教授团队撰写，该报告聚焦乡村振兴示范县创新，总结了当地在省级"百千万工程"落实、区域性公共品牌打造、乡村振兴示范带创建、农村电商产业发展等方面的实践经验。浙江平湖案例由农研中心改革试验与政策评价研究室王莉研究员团队撰写，该报告聚焦城乡融合发展，分析了当地2003年以来推进城乡融合发展的阶段历程，总结了建立健全要素流通、产业融合、环境提升、强村富民、共治共享五大机制方面的实践经验，并从完善规划布局、促进公共服务均等化、农民增收共富、社区服务体系建设等方面提出了进一步深化改革的建议。

　　本书在编写过程中，中国乡村振兴发展中心给予了大力支持，中国出版集团研究出版社、农研中心文稿编辑部给予了大力协助。在调研过程中，得到了各地政府部门和干部群众的大力支持。在此，谨向为本书编辑出版工作付出心血和提供支持帮助的所有单位和个人致以衷心感谢！由于时间和编者水平有限，书中存在某些错漏，敬请广大读者批评指正。

编者

CONTENTS | 目录

综合篇

第一章 | 巩固拓展脱贫攻坚成果
加快推进乡村全面振兴

县域是全面推进乡村振兴的主战场，是城乡融合和区域协调发展的主阵地。2023年5月习近平总书记在陕西调研时强调，要发挥县城对县域经济发展的辐射带动作用，促进城市资源要素有序向乡村流动，推进农村一二三产业融合发展，拓宽农民增收致富渠道，不断增强脱贫地区内生发展动力，坚决守住不发生规模性返贫的底线。以巩固拓展脱贫攻坚成果、全面推进乡村振兴为主题，选择典型县域开展解剖式调查，系统总结经验做法，剖析高质量发展面临的问题和挑战，是深入学习贯彻习近平总书记关于"三农"工作重要论述和指示批示精神的一次具体行动，是贯彻落实习近平新时代中国特色社会主义思想主题教育的一次具体行动，是助力发现解决巩固拓展脱贫攻坚成果同乡村振兴有效衔接工作中存在突出问题的一次具体行动，具有十分重要的现实指导意义，有助于为中央决策提供更有价值的参考，为国家层面政策措施制定提供更有力度的支撑，为地方实践提供更有效用的指导。2023年6—7月，受中国扶贫发展中心委托，农业农村部农村经济研究中心联合华中师范大学、河南农业大学、广州大学、北京市农村经济研究中心等单位，深入河北蔚县、陕西洛川、浙江平湖等10个县（市）开展了为期一个月的蹲点调查，形成了县域调查总报告、专题调查报告、案例报告、决策咨询报告等一系列调查研究成果，摘要报告如下。

一、调查主题和县域选择

全面推进乡村振兴是新时期的"三农"工作重心，巩固拓展脱贫攻坚成果是全面推进乡村振兴的底线任务，实现巩固拓展脱贫攻坚成果同乡村振兴有效衔接是当前的紧要任务。此次调查以"巩固拓展脱贫攻坚成果 全面推进乡村振兴"为主题，聚焦"守底线、抓发展、促振兴"三大重点任务，综合考虑区域分布情况，以国家级脱贫县为主，按照"一县一主题"方式，最终确定了10个典型调查县（市），在全国具有一定代表性（见表1-1）。

表1-1　2022年10个典型调查县（市）的基本情况

县（市）	调查主题	县域户籍人口/万人	县域GDP/亿元	农民人均可支配收入/元	地区
河北蔚县	脱贫人口增收	51.00	93.9	12803	中部
江西横峰	低收入农民常态化帮扶	22.00	101.0	20272	中部
广西凌云	拓宽农民增收渠道	22.90	57.2	12604	西部
贵州正安	欠发达地区常态化帮扶	66.10	143.2	13588	西部
陕西洛川	乡村特色产业发展	22.06	296.7	16991	西部
黑龙江饶河	县域经济发展	13.39	71.3	13431	中部
河南林州	弘扬红旗渠精神	116.00	657.4	24600	中部
四川青川	产业园区建设	22.00	59.9	16616	西部
广东高州	乡村振兴示范县创建探索	186.90	687.0	21666	东部
浙江平湖	县域城乡融合发展	51.65	959.6	46573	东部

注：河北蔚县农民人均可支配收入为2020年数据，贵州正安、河南林州农民人均可支配收入为2021年数据，广东高州所有数据均为2021年数据。

从调查主题看，选择的10个县（市），既相互独立，又相互关联，10个主题、10个县（市）形成一个整体，能够有力支撑项目总体主题设计要求。其中，河北蔚县、江西横峰、广西凌云3个县重点从脱贫人口持续增收、低收入农民常态化帮扶、拓宽农民增收渠道等视角调查了解巩固拓展脱贫攻坚成果情况。河北蔚县是典型的农业大县，素有京西"米粮川"之称，2020年2月退出贫困县序列以来，贯彻落实"四个不摘"[①]总体要求，聚焦脱贫人口持续增收，不断优化完善扶持政策，脱贫攻坚成果得到有效巩固。广西凌云地处云贵高原延伸带，生存环境恶劣，少数民族较多，近年来多途径拓宽农民增收渠道，推动巩固拓展脱贫攻坚成果同乡村振兴有效衔接。江西横峰具有典型的中部地区县域特点，区位承东启西，资源丰富，交通发达，县域经济呈现"小而精"特点，2018年脱贫摘帽后，当地低收入农民持续增收趋势向好。

贵州正安、陕西洛川、黑龙江饶河3个县重点从欠发达地区常态化帮扶、乡村特色产业发展、县域经济发展视角调查了解增强区域发展内生能力和动力情况。贵州正安曾是遵义市唯一的深度贫困县，是国家乡村振兴重点帮扶县，易地搬迁人口较多，2020年脱贫摘帽后，持续巩固拓展脱贫攻坚成果。陕西洛川是世界苹果最佳生长区之一，其苹果产业是全国产业扶贫的先进典型，目前正奋力探索以特色产业支撑的"果业强、果民富、果香美"乡村振兴之路。黑龙江饶河集国家一类革命老区县、少数民族特色县、边境县和口岸县、国家级脱贫县于一身，近年来积极探索"生态立县"发展路子。

河南林州、四川青川、广东高州、浙江平湖4个县（市）重点从文化赋能、园区建设、示范创建、城乡融合等视角调查了解乡村振兴推进机制创新情况。河南林州是红旗渠精神的发祥地，近年来利用发挥文化和生态优势，探索以产业推动为引擎的创新型发展道路。四川青川是2008年"5·12"汶川特大地震极重灾区，2019年脱贫摘帽以来，把现代农业园区建设作为夯实脱贫攻坚和乡村振兴产业基础的"牛鼻子"，初步走出了一条具有山区特色的现代农业园区建设路子。广东高州将全国乡村振兴示范县创建工作与省委"百县千镇万村高质量发展工程"统筹推进，初步形成中国式农业农村现代化的高州实践，形成了"党建引领、强弱联合、统筹调动、走向市场、共同富裕"的良好局

---

① "四个不摘"，即摘帽不摘责任、摘帽不摘政策、摘帽不摘帮扶和摘帽不摘监管。

面。浙江平湖是接轨上海市的前沿高地及创业创新的滨海新城,位列全国综合实力百强县,始终牢记习近平总书记的嘱托,统筹城乡经济社会协调发展,坚定不移地推进城乡一体化、城乡统筹发展、城乡融合发展。

选择的10个县(市)既兼顾了区域分布又考虑了经济社会发展差异。其中,西部地区4个县、中部地区4个县(市)、东部地区2个县(市)。从县域人口看,除广东高州和河南林州外,其余8个县域的户籍人口均在100万人以下,其中黑龙江饶河仅13万余人。从经济发展水平看,县域GDP差距非常大,最高的浙江平湖达到959亿余元,最低的广西凌云仅57亿余元。从农民收入水平看,10个县域中有6个县(市)的农民人均可支配收入低于2万元(见表1–1)。

从调查结果看,10个县(市)在立足自身发展实际,坚持农业农村优先发展,逐步建立健全低收入人口常态化帮扶机制,大力发展县域经济,加快推进乡村全面振兴等方面均取得了显著成效,有一些好的经验做法值得其他地区学习借鉴,还有一些共性问题需要引起各方重视。我们亟须强化顶层政策创设,统筹各方力量,合力攻坚,更好促进农业农村发展。

二、主要做法及成效

(一)巩固脱贫攻坚成果,守住不发生规模性返贫底线

防止发生规模性返贫是全面推进乡村振兴的底线任务。各县(市)严格落实"四个不摘"工作要求,建立健全动态监测和帮扶工作体系,强化兜底保障,牢牢守住了不发生规模性返贫的底线。江西横峰按照基础性、普惠性、兜底性要求,在住房、医疗、教育、民生领域,持续完善兜底保障政策,探索建立防贫保险政策体系,有效预防了因疾病医疗、教育就学、意外事故、不可抗自然灾害等因素引发的返贫。广西凌云持续加大对特殊困难群体的保障性转移支付力度,逐步提高保障救助标准,对丧失劳动能力或部分丧失劳动力且

无法通过产业就业获得稳定收入的人口，按规定纳入农村低保或特困人员救助供养范围，按困难类型及时给予专项救助、临时救助等综合帮扶；对发展产业和实现就业家庭人均收入超过当地低保标准的，给予6个月渐退期，兜牢民生底线。贵州正安深入实施易地扶贫搬迁后续扶持提升专项行动，推进稳岗就业、后续产业、基础设施、基本公共服务和社区治理"五个提升"计划，持续做好13个搬迁安置点后续扶持工作，探索建立了单位帮栋、企业帮元、干部帮户，转教育、转户口、转低保的"三帮三转"制度体系，构建了自主创业、就近就业、劳务输出、公益安置"四项措施"，多措并举引导搬迁劳动力主动就业，强化公共服务、培训就业、社区治理、文化服务、基层党建"五个体系"建设，切实为搬迁群众分忧解难，让群众搬得放心、住得顺心、过得舒心。

（二）强化就业和产业支撑，增强脱贫地区和脱贫群众内生发展动力

1. 大力发展县域特色产业

各县（市）立足当地特色，协同推进产业振兴和产业帮扶工作，既发展了特色产业，又促进了低收入人口稳定增收。广西凌云结合地理环境和资源禀赋，大力发展"两叶一果一家禽"，即茶叶、桑叶、牛心李、乌凤鸡，带动脱贫人口增收，"十三五"期间茶产业促农带贫增收效果最明显，覆盖全县6个乡镇45个行政村，茶农11260户50428人，其中贫困村25个，建档立卡贫困户3020户13590人，贫困茶农通过发展茶产业全部实现了脱贫。陕西洛川在培育壮大苹果产业的过程中，坚持全产业链发展，以延链、补链、强链为重点，积极构建科技研发链、标准基地链、仓储加工链、品牌营销链、社会化服务链、果畜循环链、数据信息链，既促进了果农的增收致富，也促进了县域经济的可持续发展，截至2023年6月，全县95%的农户从事苹果生产，农民收入的95%以上也来自苹果产业，九成果农户均收入在10万元以上。黑龙江饶河积极推动县域发展和乡村振兴的市场主体多元化，引导国有企业在产业发展创新

和兜底保障方面发挥"压舱石"作用,国有农场、林场在保障国家粮食安全和保护生态环境方面扛牢政治责任,农村集体经济组织发挥"凝心聚民"带动共富的作用,农民合作社当好联农带农益农角色,农户用活庭院空间促进增产增收。

2.持续强化就业帮扶

各县（市）坚持内外联动拓宽低收入人口就业渠道,在农业农村基础设施领域积极推广以工代赈方式,加快构建外出务工保障机制,完善就地就近灵活就业保障机制,持续加强职业技能培训,提高技能水平。河北蔚县创新交通补贴政策,鼓励脱贫群众外出务工,2021年率先将"一次性交通补贴"政策发放的范围从"省外务工"人群扩大至"市外务工"人群,2022年全年共发放交通补贴1154人次、71.59万元；通过支持扶贫车间建设,促进脱贫人口就近就地就业,共认定蔚州贡米、杏扁加工业和传统服装制造业等就业帮扶车间19家,占全市43家就业帮扶车间的44%,带动就业562人,其中脱贫劳动力304人。广西凌云探索建立粤桂劳务协作促增收机制,通过广东省深圳市有用工需求企业向人力资源服务公司"下单",人力资源服务公司向就业市场"派单",人社部门从人选库"推荐"就业,企业与人力资源服务公司精准"匹配",政府组织"直送"企业的"一站式"就业服务模式,有效帮助有转移就业意向的农村劳动力与深圳市用工企业精准对接,2023年通过"点对点"送工服务输送1708人到广东省稳定就业。

（三）创新工作机制,全面推进乡村振兴

1.园区带动集聚发展

产业园区是区域经济发展、产业调整升级的重要空间聚集形式。各地积极创建特色产业园区,推进资源要素集聚、三产融合发展。陕西洛川依托国家级苹果批发市场建设项目,积极推进苹果现代产业园建设,十多年来累计投资60亿元,建成苹果仓储交易、会展交流、产业加工、电商交易、物流配送、

农资交易、生产示范等十大功能区，进驻规模企业52家、小微企业300余家，推动了苹果产业集群和全产业链发展，示范带动3个乡镇苹果产业园建设。四川青川按照"大园带小园"模式，坚持龙头企业建大园、家庭农场建小园、政府引导支持每个产业建一个标准化示范园，形成"大园带小园、园园连成片，大业主带小农户、户户有产业"的格局，累计建成现代农业园区13个（省级1个、市级8个、县级4个）、乡镇产业园20个、村产业园166个、户产业园1.9万余个，在稳定粮食生产的基础上，促进优势特色农业发展取得了新突破。

2.文化赋能乡村振兴

全面推进乡村振兴，既要"塑形"更要"铸魂"。各地深入挖掘文化资源，积极推进农村精神文明建设，为乡村振兴汇聚精神力量。河南林州坚持传承弘扬红旗渠精神，以党建引领城乡基层治理体系建设，强化县乡村三级治理体系功能，充分发挥基层党组织的战斗堡垒作用、"头雁"作用和村（社）巡察的动态监督、预防及纠偏作用，把党建和解决社会主要矛盾、推进民生福祉、实施国家重大战略结合起来，以发动群众改变林州为主线，全力推进农村人居环境整治，以红色旅游和乡村旅游助推林州县域经济高质量发展。

3.以点带面推动示范创建

全面推进乡村振兴，要坚持因地制宜、分类施策。各地按照村庄类型划分，稳步探索适宜不同村庄类型的乡村振兴实现路径。广东高州探索全国乡村振兴示范县创建模式，以落实省委"百县千镇万村高质量发展工程"为纲，统筹推进富县强镇兴村，实现县镇村三级联动；聚焦"高州荔枝""高州龙眼"，以打造区域性公用品牌为干，架起"产供销一体化"的联结桥梁；按照"以点为基、串点成线、连线成片、聚片成面"的思路，以创建乡村振兴示范带为径，推动农文旅融合发展；以发展新农村电商产业为网，通过建立农村物流体系、加强电商培训、整合优化资源、提供高质量服务、做好物流降费提效工作等，充分发挥农村电商在对接科工贸中的结合点作用。

(四)加快城乡融合,扎实推进农民农村共同富裕

1.推进城乡融合发展

乡村振兴,不能就农业论农业、就农村论农村、就农民论农民,要以县域为重点,走城乡融合发展之路。各县(市)持续强化以工补农、以城带乡,推进空间布局、产业发展、基础设施等县域统筹,努力构建工农互促、城乡互补、协调发展、共同繁荣的新型工农城乡关系。贵州正安瞄准"成渝经济圈"市场,以县域发展为核心,打造特色田园乡村示范试点,全面推进农旅融合发展,促进城乡要素平等交换、双向流动,着力构建以"县为中心、镇为支点、村(居、社区)为终端"的城乡一体化三级客运、物流服务体系,积极推进城乡污水垃圾统筹收集处理、城乡物流配送网络化、城乡供水一体化,坚决破除城乡二元结构。浙江平湖持续推进国家城乡融合发展试验区建设,加大力度建立健全全域土地综合整治与高效配置长效机制,健全进城落户农民依法自愿有偿退出农村权益制度,深化农村集体资产股份合作制改革,建立农村集体经营性建设用地入市制度,打造城乡产业协同发展先行先试平台,探索建立生态产品价值实现机制,健全城乡基本公共服务一体化、均等化发展体制机制,促进了城乡要素加快双向流动,城乡产业融合发展程度不断深化,全域环境整治成效显著提升,基本建立起强村富民共富机制,提升了乡村治理现代化水平,展现了全面推进乡村振兴的美好未来。

2.构建社会帮扶促共富机制

社会组织是我国打赢脱贫攻坚战的重要力量,也是助力乡村振兴和扎实推进共同富裕的重要主体。各地充分利用外部帮扶力量,积极探索社会组织帮扶新模式。江西横峰充分利用中国宋庆龄基金会、北京尤迈慈善基金会、中国扶贫基金会、腾讯公益、红十字会和乡村发展基金会等社会组织力量,创新帮扶模式,设立"宝石花开,横峰绽放"乡村振兴慈善信托,管理定点帮扶、对口支援等帮扶资金。帮扶单位中国石油借助慈善信托搭建公益平台,动

员集团内部企业及员工个人、横峰县爱心人士和企业、港边乡乡贤和校友等，通过"互联网筹款+慈善信托"方式，发起"港边小学宝石花助学慈善信托"，探索设立慈善信托发动社会力量扶贫扶智模式。四川青川充分发挥东西部协作机制作用，积极开展产业协作，"白叶一号"成为浙川东西部协作的典范。2018年获赠浙江安吉"白叶一号"茶苗540万株，建成受捐茶苗基地1517亩，至今已建成"白叶一号"基地7075.5亩，2022年实现销售收入530余万元，等到基地全部进入盛产期，预计鲜叶年收益达到8500万元，干茶年收益6.35亿元，可带动900余户3500多名茶农持续稳定增收。

三、面临的问题与挑战

(一)防返贫机制建设和帮扶措施有待加强

一是帮扶体制机制不够健全。帮扶部门之间的合力有待形成，有的地方帮扶过程中部门间各自为政，存在职责不清晰、沟通不通畅、信息未共享、标准不统一等问题。帮扶方式和帮扶模式有待完善，有的地方将各部门帮扶村集体的资金统筹使用，采取债权的方式注入市场主体，没有激活村集体经济的"造血"能力。如贵州正安的吉他制作企业、农机专业合作社、规模化屠宰企业等市场主体每年仅给予债权主体（如村集体）一定比例的利息，债权主体很少参与到产业经营中来。二是部分地区和人口的返贫风险大。有的地方自然条件、经济基础、基础设施等相对较差，特色产业发展抗灾能力较弱，自然灾害发生频率较高，抵抗风险能力差，返贫致贫概率大。如陕西洛川2021年的冰雹让不少果农损失惨重，原本3～4元/斤的苹果一下子就变成了0.3～0.4元/斤的残次果。三是易地搬迁社区缺乏有效的产业支撑配套。无论是新配建的产业园区，还是原有依托的产业园区项目，吸纳搬迁群众就业的能力不强，易地搬迁后续帮扶压力较大。如广西凌云累计搬迁3223户16241人，这些人的就业增收问题突出，截至2023年6月，全县"四上企业"仅有80~90家，提供的就业岗位不足1万个，而仅县城人口就达到5万人。

（二）低收入人口和欠发达地区发展能力亟待提升

一是县域经济基础薄弱。部分县域的经济总量不大、人均水平不高，综合实力不强；工业化进程不快，结构性矛盾突出，农业产业规模化、现代化水平不高；城镇化进程缓慢，仍是小城市、大农村的格局，经济基础薄弱。陕西洛川2022年县级自有财政收入仅8966万元，主要依靠上级财政转移收入，造成政府在专业人才引进、教育和医疗等各个方面受财政资金"掣肘"。贵州正安县域经济主要依赖传统产业，2022年一般预算公共收入3.6亿元，用于发展的资金极其有限。二是产业发展动力不足。产业发展多处于初级阶段，产业链条短，市场营销与品牌建设滞后，三产融合发展水平不高，带动农民增收能力较弱。现有产业扶贫项目大多存在产业同质化、产销衔接差、加工能力弱、物流体系建设明显滞后、新型经营主体缺乏等问题。如广西凌云有60家茶叶企业，但大部分企业的设备规模偏小，精深加工能力不足，导致凌云白毫茶的影响力、知名度不够高，增值收益留在县域的比例也不高。三是农民持续增收难。农村集体资产及其价值被低估，资产价值实现困难，财产性增收不足；农业产业韧性较弱，带动脱贫户增收特别是稳定增收的能力有限，经营性增收不易；务工就业质量偏低，工资性增收难度大。河北蔚县脱贫人口的收入水平较低，2022年全县脱贫人口人均可支配收入9892元，较2021年增长11.80%，绝对值较张家口市、河北省脱贫人口人均可支配收入分别低2201元、2593元，较全国脱贫人口人均可支配收入低4450元，增速较河北省、全国平均水平分别低0.2个、2.5个百分点。

（三）全面推进乡村振兴短板依然突出

一是基础设施、公共服务短板仍然明显。有些县域的通村路还未硬化，有的村组还有断头路，有些村民的房屋还需要修缮，有的村组网络信号较差。教育、医疗、网络、养老、社保等方面，要实现城乡基本公共服务均等化，还需持续发力。人居环境整治方面，县域内农村生活污水、农村生活垃圾虽已进行治理，但仍然有部分地区的污水、垃圾没有得到及时清理。如黑龙江饶河目前仍没有通铁路或高等级公路，限制了县域物流、人流体量，地处偏远和落后的交通状况已成为当地产业发展和项目建设的主要瓶颈。二是乡村振兴要素支撑不足。有的县域因保护区制约，本地产业发展受到很大限制，导致青壮年劳动力离土离乡比例偏高，人才支撑不足问题突出。如广西凌云属于国家重点生态功能区，生态空间占县域总面积的92%，生态保护红线面积占县域总面积的49.96%，限制或禁止开发，大量劳动力只能外出就业，当地农村居民收入中的70%左右来源于外出务工收入。黑龙江饶河各领域专业技术人才仅有2284人，2022年事业单位公开招聘引进172人，流失32人，流失率达到19%，2023年全县计划引进教育医疗等专业领域人才34人，仅有17人签订意向性合同。三是乡村治理能力和水平亟待提升。随着农村"空心化"越来越严重，有的村庄的共商共治机制"形同虚设"，村民不了解、不关心集体事务，部分基层干部对"共商共治"缺乏重视和主动性。纠纷化解机制仍不完善，村里"没人管闲事"，个别村干部不愿意去解决村民矛盾纠纷，基层组织为民服务能力有待提升。

（四）扎实推进共同富裕难度较大

一是县域内城乡融合发展面临难点。农民进城落户限制已逐渐减少甚至取消，但还存在隐形门槛，城乡之间尚未建立起统一的建设用地市场，金融资源配置失衡依然存在，使得人才、资金等要素向城市净流入，城乡要素双向流动不畅。城乡社会公共服务一体化存在差距，表现为城乡社会保障体系非均等化、城乡教育资源分配不均衡、城乡医疗卫生资源配置不合理。县、乡、村三级功能衔接互补的格局尚未形成，县域国土空间规划编制欠科学，城乡基本公共设施供给差距较大。如浙江平湖县城和乡村的教育资源差异很大，农村年轻教师和优秀教师数量较少，县域内医疗机构功能定位不明确，存在医疗资源重复建设、局部性浪费和互相竞争病员等现象。二是农村集体经济规模偏小。有的地方受产业发展滞后、资源短缺、交通偏远等影响，农村集体经济发展滞后。部分村自主发展产业的主观意愿不强，"等、靠、要"思想严重，不少村"两委"对发展集体经济持"一托了之""一租了之""一股了之"等心态，壮大农村集体经济的内生动力亟须提振。

四、有关对策建议

2023年中央一号文件明确提出"举全党全社会之力全面推进乡村振兴，加快农业农村现代化"，这是党中央、国务院立足我国巩固拓展脱贫攻坚成果现状，从民族复兴、国家现代化高度出发作出的重要决策部署。要坚持以习近平新时代中国特色社会主义思想为指导，以坚决守牢不发生规模性返贫为底线，以提升欠发达地区经济发展动能和活力为目标，加快补齐农村基础设施、公共服务和人居环境短板，聚焦产业转型升级，完善社会兜底保障，调整优化帮扶政策，建立健全常态化帮扶机制，扎实推进农民农村共同富裕。

（一）持续巩固拓展脱贫攻坚成果

一是健全常态化帮扶机制。加强帮扶政策衔接并轨，调整帮扶资金投入重点与范围，继续加大对重点帮扶县的资金和项目倾斜力度，加大对欠发达地区基础设施投入，切实完善乡村建设相关配套政策。强化与完善区域产业帮扶机制，研究出台支持欠发达地区的产业发展政策，完善利益联结机制，加强产业配套支撑。借鉴江西横峰等经验做法，加强统筹协调，完善低收入农民常态化帮扶机制。二是做好易地扶贫搬迁后续的产业培育。学习借鉴贵州正安、广西凌云等经验做法，全力做好易地扶贫安置后扶工作，为搬迁群众"扶上马送一程"。加大扶持力度，为产业园区配套相应生产经营设施设备，提升二产和三产，为区域化农旅融合道路做好准备，推动易地扶贫搬迁后续工作与推进新型城镇化、乡村振兴战略有机衔接，使搬迁群众能够安居乐业。三是加大对重点帮扶县的资金和项目倾斜力度。国家层面的巩固拓展脱贫攻坚成果同乡村振兴有效衔接的资金项目要向欠发达地区适当倾斜，帮助其巩固拓展脱贫攻坚成果，全力防止规模性返贫，为推进乡村全面振兴筑牢基础。

（二）提升低收入人口和欠发达地区发展能力

一是推动乡村产业提档升级。鼓励各地区根据自身实际情况，结合乡村特色产业的发展需求，制定适应本地区的高质量特色产业发展规划。创新三产融合发展模式，打造以园区建设为重点的产业融合载体，加快推进农村电商发展，积极推动农文旅融合发展。要大力学习借鉴陕西洛川全产业链发展苹果产业的实践经验，黑龙江饶河依托生态资源优势促进农旅融合发展的实践经验。二是促进农民持续较快增收。深入学习借鉴河北蔚县、陕西洛川、四川青川、江西横峰等地的产业发展利益联结机制和就业帮扶举措，更好带动小农户增收致富。开展产业到户促增收行动，确保有产业发展需求的农民得到有效帮扶。提高创业补贴标准，大力支持农民自主创业；鼓励农民利用院落空间及资源资产，高质量发展特色种植、特色养殖、特色手工等庭院经济。积极与用工企业开展劳务对接，瞄准用工企业需求开展订单式培训，推动农村劳动力实现高质量就业。三是持续深化改革创新。加大对欠发达地区农村改革支持的倾斜力度，如继续深化农村设施农业用地制度、农村宅基地制度、农村集体经营性建设用地制度、农村金融制度等多项改革，推动制度体系建设往深延伸、往广覆盖，破解农村资源和要素有效盘活难题，推动各项改革政策系统集成，统筹发力，以改革关键一招盘活农村沉睡资源，让所有城乡居民共享改革红利。

（三）夯实全面推进乡村振兴的关键支撑

一是强化重大基础设施建设。加大铁路、机场、江桥、高等级公路等重大交通基础设施、农田水利建设的投入力度，提升地区发展潜能，如学习借鉴广东高州落实省级百千万工程为纲，实现县、镇、村三级联动。二是构建优质均衡的公共服务体系。学习借鉴浙江平湖、贵州正安等地实践经验，以公共服务共享为着力点促进城乡社会融合。推进学校布局优化调整，适度集中办学。构建县、镇、村"三级文化馆"服务体系，实行"文化下派员、村级专职文化管理员制度"。健全重大疾病预防控制体系，强化重大疫情和突发公共卫生事件联防联控机制。三是健全乡村治理体系。学习借鉴河南林州、广东高州的实践经验，全面加强党组织建设，引领多元主体参与乡村治理。强化党对农村工作的全面领导，全面落实五级书记抓乡村振兴责任制，加强乡村基层党组织建设和人才梯队建设，完善村级协商议事机制，动员多元主体积极参与乡村治理。

（四）积极探索推进共同富裕的实现形式

一是深入推进对口支援和协作帮扶。继续推动欠发达地区对口支援、对口帮扶、对口协作、对口合作等工作，强化智力扶持，加强重点领域合作，激发地区发展内生动力。深入实施"万企兴万村"行动，动员各类企业和乡村振兴重点帮扶县结对帮扶，切实帮助重点帮扶县发展壮大特色优势产业，推动县域经济大发展。二是加大人才引育力度。学习借鉴四川青川、陕西洛川等地做法，着力抓好人才队伍建设，为农业农村发展持续注入新活力。加大对本土人才培育的扶持力度，在人才政策待遇方面给予一定倾斜，加强农民技能培训，提升农民的生产技能和经营管理能力。选派有志于农村工作的大学毕业生，到农村挂职担任"村官"，定期组织党员干部赴先进地区交流学习。三是稳步推进城乡融合发展。借鉴浙江平湖、广东高州等地经验，加快县域国土空间规划编制，打造多层级城乡融合发展节点，分类有序推进实用性村庄规划编制工作，使具备条件的村庄应编尽编，加快推动城乡基础设施和公共服务一体化发展。四是大力提升农村集体经济带动能力。学习借鉴广西凌云、黑龙江饶河等地经验做法，创新利益联结机制，凝聚村级集体经济发展合力。加大对村级集体经济发展的资金支持力度，整合帮扶资金，撬动村民和社会资金积极投入。发挥扶贫项目资产帮扶作用，拓宽村级集体经济发展多元路径。强化村集体内部合作互助，激发集体经济组织成员参与发展的主动性积极性，实现共同发展。

执笔人：张　斌　何安华　倪坤晓

专题篇

第二章 | 低收入人口持续增收的突出问题及对策建议

消除贫困、改善民生、逐步实现共同富裕，是社会主义的本质要求。全面打赢脱贫攻坚战以后，部分脱贫地区依然存在低收入人口收入低且增长速度较慢的问题。这对巩固脱贫攻坚成果衔接乡村振兴构成了挑战，成为现阶段值得研究和关注的重要问题。2023年6—7月，中国扶贫发展中心组织开展了10个县（市）的典型调查，其中河北蔚县、江西横峰和广西凌云重点围绕"低收入人口持续较快增收"主题进行了调查。本章以该三县为例，分析低收入人口持续增收的挑战与对策。

一、基本情况

从收入总体状况来看，2022年，蔚县、横峰县、凌云县脱贫人口人均纯收入分别为9892元、17356元、15795元，增速分别为11.80%、11.07%、11.98%。从收入结构来看，2022年，蔚县脱贫人口人均工资性收入、经营性收入、转移性收入、财产性收入分别为4889元、1627元、2756元、620元，占比分别为49.42%、16.45%、27.86%、6.27%；横峰县脱贫人口人均工资性收入、经营性收入、转移性收入、财产性收入分别为12182元、1756元、3239元、179元，占比分别为70.19%、10.12%、18.66%、1.03%；凌云县脱贫人口人均工资性收入、经营性收入、转移性收入、财产性收入分别为12308元、1785元、1615元、87元，占比分别为77.93%、11.30%、10.23%、0.54%。由此可以看出，工资性收入对三县脱贫人口收入的贡献最大，财产性收入对三县脱贫人口收入的贡献最小。

从调查结果来看，三县部分脱贫人口收入水平仍然偏低，收入增长速度缓慢。以蔚县为例，2022年蔚县脱贫人口人均纯收入9892元，较张家口市脱贫人口人均纯收入水平低2201元，较河北省脱贫人口人均纯收入水平低2593元，较全国脱贫人口人均纯收入水平低4450元。其中，低于河北省2022年农村居民人均可支配收入50%（9682元）的脱贫人口，蔚县有26060户53945人，占蔚县脱贫人口总数的60.81%，人数和占比在全国832个脱贫县中排第一。2022年蔚县脱贫人口收入较2021年增长11.80%，较全国、河北省平均水平分别低2.5个、0.2个百分点。从脱贫户情况看，蔚县共有801户1347人脱贫人口收入同比下降，占全县脱贫人口总数的1.52%；增速不足10%的脱贫户17961户33971人，占全县脱贫人口总数的38.3%；增速高于10%且低于河北省平均水平11.92%的脱贫户4989户9981人，占全县脱贫人口总数的11.25%。

二、面临的挑战

（一）务工就业促增收的效果较差

调查发现，外出务工已然成为低收入人口致富增收的重要渠道。但需要注意的是，近年来低收入人口外出务工的规模持续增长，但务工就业质量效益偏低，低收入人口持续性增收面临严峻挑战。一是低收入人口就业渠道狭窄，就业领域及性质决定了其工资水平较低。以横峰县为例，低收入人口务工缺少劳务输出品牌，多是零散外出务工，主要从事保安、保洁、建筑等低技术门槛的工作。这些工作工资水平低、增长速度慢，且缺乏必要的福利保障。二是低收入人口就业技能培训存在"有效无用"问题。2022年，蔚县针对监测对象、脱贫户等低收入人口共开展了23期744人的就业技能培训，其中保健按摩师82人、护理员37人、家政服务员125人、母婴护理师20人、养老护理员372

人、中式面点师108人。接受技能培训的低收入人口虽然都取得了相关技能认证证书，但实际稳定就业率较低，仅有278人（37.37%）务工3个月以上。

（二）农业产业化经营促农增收不易

一是农业产业的生产种植易受自然天气影响。在蔚县，小米主要在旱田种植，无法进行机井灌溉浇水，使得小米的生产种植"靠天吃饭"，干旱年份容易造成小米减产；蔚县杏果种植易受春季寒潮影响，处于"种三年收一年"的困境，如2023年4月中下旬发生的寒潮，严重影响处于盛花期的杏树生长，造成杏果产量减产60%以上。农业生产受天气影响较大，使得低收入人口的农业生计脆弱性水平较高，容易造成经营性收入的不稳定。二是农业特色主导产业多停留在种植收益环节和农产品初级加工环节，产业附加值不高。例如，凌云县枇杷、柑橘等产业以农产品直接销售为主，蔚县杏果产业主要停留在杏扁和杏干的粗加工方面，横峰县马家柚产业的加工更多停留在清洗、筛选和简单包装方面。三县农业特色主导产业缺乏品牌化、组织化管理，更没有向"高精深"加工方向进行产业链的延伸与拓展，使得新型农业经营主体（如龙头企业、农业合作社等）带动低收入人口增收特别是稳定增收的能力有限。

（三）产业帮扶项目难以较快带动增收

有后劲的产业帮扶项目需要有竞争力的市场主体的参与，从投资到经营再到获得稳定回报有一个渐进过程。例如，蔚县2022年使用中央、省、市、县四级衔接资金安排项目共39616.53万元，其中使用23257.55万元衔接资金，通过县级平台公司租赁或县直行业部门委托经营方式与其他公司合作运营，支持发展13个产业项目。这些产业项目施工周期较长，没有产生运营收益，短期内无法带动低收入人口增收。不仅如此，蔚县产业帮扶衔接资金全部用于支持上述13个产业项目发展，没有体现优先保障到人到户项目的资金需求，更没有重点支持监测对象、脱贫户等低收入人口参与生产提高家庭经营性收入。

(四)易地搬迁社区就业压力大

一方面,2022年蔚县搬迁人口数共13496人,其中7432人(含脱贫劳动力3324人)有劳动能力,仅有2695名搬迁群众实现就业,占具备劳动能力搬迁群众总量的36.26%,其中县内灵活就业2047人、县外市内就业119人、省外务工就业529人,大量搬迁群众在县城打零工,时间较为分散且不固定,尚未实现稳定的务工就业。另一方面,易地搬迁社区产业配套项目(园区)吸纳群众务工就业的能力较弱,进一步加大了低收入人口的就业压力。2022年蔚县共有16个易地搬迁社区,蔚县为16个易地搬迁社区共配套22个产业园区,其中8个是新配建的产业园区,14个是原有依托的产业园区。然而,22个产业园区(项目)共吸纳290名搬迁群众就业,仅占具备劳动能力搬迁群众总量的3.90%。同时,园区所吸纳的290名搬迁群众全部为季节性用工(作物种植的除草、施肥、打药等),年人均收入在8500元左右,甚至有8个产业园区(2个新配建、6个原有依托)无搬迁群众务工就业。

(五)资源转化困难导致财产性收入不足

一是部分脱贫地区农业产业结构单一,农业生产种植效益较低,低收入农户的土地等资源要素进入市场的价值转换能力较弱。在蔚县,农户人均3亩耕地,土地流转价格每亩在300~500元,低收入人口因年龄、疾病等原因无法有效从事生产经营时,土地资源通过流转实现增值的空间较为有限。二是脱贫地区农村集体资产在不规范的开发运营和无效监管中流失。蔚县南部山区的一些村庄,大量属于村集体的荒山荒坡,以明显低于市场价的发包价格被长期承包出去,丰富的自然资源与薄弱的村集体经济形成鲜明对比,村集体资产难以转化成低收入人口的财产性收入。

三、促进脱贫人口收入持续增长的对策建议

抓好产业就业工作是脱贫地区巩固脱贫成果、全面推进乡村振兴的根本出路。脱贫地区未来几年要以衔接资金和相关产业就业扶持政策为抓手，以市场为导向，以低收入人口为焦点，继续做好产业就业帮扶工作。

（一）聚焦就业提质目标，充分挖掘务工增收潜力

一是积极搭建区域间劳务协作平台，开发省内和跨省的劳动密集型协作项目，优化劳务输出管理服务，组织有就业意愿的脱贫人口实现高质量外出就业，促进不同类型地区互补互助协作发展。二是对内开展订单式劳动职业技能培训，提高低收入人口外出务工就业能力。依托驻外企业商会等定点服务平台，积极与用工企业开展劳务对接，选定一批高质量的就业岗位，瞄准用工企业需求开展订单式培训，定向为企业输送劳动力，打造独具特色的县域劳务输出品牌，推动低收入群体在省内外实现高质量就业。三是对外培育劳务输出品牌，创新打造转移就业输出服务站，为外出务工人员提供就业咨询、法律援助、生活保障等精细化服务，提升就业岗位的稳定性和抵抗风险的韧性，改善低收入群体就业质量，增强劳动力持续增收能力。

（二）夯实农业发展基础，提高农户经营增收效率

一是加强科技投入，加大农业新品种的研发与推广，通过应用良种良法、调整优化生产结构等方式，最大限度降低自然灾害对农业生产种植造成的不利影响。同时针对脱贫地区重点培育的特色农业主导产业，设置农业自然灾害保险，建构合理的农户、政府、商业银行风险共担机制，进一步提高农户特别是低收入农户对自然灾害风险的抵御能力。二是聚焦农业特色主导产业延伸产业链条，吸引优势农业龙头企业落户脱贫地区，同时培育引导本地龙头企业，推动农产品加工往"高精深"方向发展，在提高农产品附加值的同时，

也使农户(特别是低收入人口)从产业链延伸中获益。三是依托农业特色优势产业,支持脱贫地区培育和生产绿色、有机和地理标志产品,打造特色农产品区域公用品牌,推动农产品流通企业、新型农业经营主体、电商、批发市场与脱贫地区农户构建稳定的产销关系,通过组织化管理、品牌化运作,在农业生产经营中增强低收入农户稳定增收的能力。

(三)注重长短期项目统筹结合,提升产业帮扶带贫实效

一是脱贫地区创新衔接资金使用方式,发展有潜力和成长空间的长效产业项目,确保产业帮扶项目按照预期建成并顺利运作,通过以奖代补、贷款贴息、购买服务等方式,支持脱贫人口发展重点产业,避免简单入股分红,切实发挥产业帮扶项目对脱贫人口增收发展的带动作用。二是开展产业到户促增收行动,确保有产业发展需求的脱贫人口得到有效帮扶。对发展特色产业的脱贫户进行生产奖补;提高创业补贴标准,大力支持脱贫户自主创业;鼓励脱贫户利用院落空间及资源资产,高质量发展特色种植、特色养殖、特色手工、休闲旅游、生产生活服务等庭院经济。三是依托产业帮扶项目,积极发挥龙头企业、专业合作社、村级集体经济组织、家庭农场、农业社会化服务组织的示范引领作用,建立健全诸如土地流转、就业务工、带动生产、产销对接、收益分红等利益联结机制,从而为脱贫群众开辟"短平快"增收致富之路。

(四)做好安置点产业就业扶持,促进搬迁群众安居乐业

一是发展壮大县域经济,积极引导脱贫地区优势农产品加工产能向安置区周边聚集,建设一批劳动密集型产业就业基地,提高搬迁群众稳定就业能力。二是立足安置区资源禀赋配套产业园区(项目),通过招商引资吸引一批带动能力强、经济效益高的优质企业落户园区,提高配套产业园区吸纳易地搬迁群众务工就业能力。与此同时,通过开发安置区公共管理服务岗位、预留安置区场地扶持就业创业、开发公益性岗位兜底就业等举措,进一步为易地

搬迁群众多渠道创造就业机会。三是加强安置区产业后续扶持工作，如为产业园配套仓储、冷链物流、电子商务等，既改善市场主体经营条件，又促进三次产业融合发展、创造新的就业机会。

（五）以资产盘活为抓手，拓宽财产性收入增收空间

一是通过培育种养殖大户、家庭农场、农民合作社等新型农业经营主体，做大做强农村特色产业，提高农业生产种植效益和土地流转价格。在此基础上，大力推广出租、抵押、入股、托管等有效模式，进一步放活土地经营权，引导无（弱）劳动能力农户的土地向新型农业经营主体有序流转，增加低收入人口的土地租金和分红收益。二是开展清理农村集体经济合同专项治理行动，以带农益农为导向规范农村集体"三资"管理，激活各类生产要素，探索农村荒山坡地市场化路径，推动集体成员特别是低收入人口以资金、资源、资产折股量化的方式享受集体经济发展收益，促进财产性收入增长。

执笔人：陆汉文　杨永伟

第三章 | 欠发达地区巩固拓展脱贫成果的探索与建议

2023年中央一号文件明确提出"研究过渡期后农村低收入人口和欠发达地区常态化帮扶机制"。这既是欠发达地区建立健全常态化帮扶机制的现实需求，也是党中央、国务院立足我国巩固拓展脱贫攻坚成果现状，从国家乡村振兴重点帮扶县县情民情出发作出的重要决策部署。2023年6—7月，项目组采取蹲点调查方式，赴贵州正安、陕西洛川、黑龙江饶河三地开展了以构建欠发达地区常态化帮扶机制为主题的实地调研。调研发现，各县立足自身发展现状，在严守不发生规模性返贫底线的基础上，积极探索政策、资金、产业、人才等多样化长效帮扶机制，大力培育县域内生发展动力，为全面推进乡村振兴奠定了坚实基础。

一、主要做法与成效

自2020年完成脱贫摘帽以来，各地深入贯彻落实党中央、国务院决策部署，抢抓国家乡村振兴重点帮扶县机遇，在过渡期内围绕组织管理、动态监测、产业帮扶、就业帮扶、易地搬迁后扶、社会帮扶、扶贫资金与项目帮扶等方面，深入推进县域常态化帮扶，取得了显著成效。

（一）多措并举做好防返贫监测和帮扶工作

一是健全责任落实长效机制。开展防返贫监测工作以来，各地压紧压实省、市、县级领导、镇村干部、主管部门、驻村第一书记、驻村工作队以及全体干部工作责任，健全完善结对帮扶、督导检查、考核奖惩机制，切实做到"责任不松、政策不变、力度不减、监管不脱"。如正安县实行县、乡、村三级联动，建立了从上到下和自下而上双向监测、靶向预警的防返贫监测和帮扶机制，持续深化"单位帮村、干部帮户"工作机制，优化完善驻村第一书记、驻村干部管理办法和职责任务，坚持干部定期回访制度，确保帮扶责任不缺位、帮扶工作不断档。

二是优化完善防返贫监测帮扶工作机制。各地深入开展防返贫监测帮扶工作，探索出了多种切实可行的工作机制，取得有效进展。如正安县先后出台防返贫监测医疗、残疾人保障等有关政策，对防返贫监测对象进行动态管理与帮扶；建立健全早发现、早干预、早帮扶的防返贫监测和帮扶体系，形成困难对象主动发现、特困对象快速救助、监测对象分类帮扶等机制，畅通了风险对象认定和救助渠道，在监测对象出现返贫致贫风险时，能够第一时间发现、第一时间响应、第一时间化解。

三是加强衔接资金管理。各地严格按照《中央财政衔接推进乡村振兴补助资金管理办法》等规定安排使用资金，完善资金监管方式，切实管好用好资金，充分发挥资金使用效益。如正安县制定的《正安县防贫帮扶资金管理办法（试行）》，从组织机构设立、工作方案制订、工作措施开展等方面提出了更加明确的要求，以确保盘活扶贫项目经营性资产落地落细。

（二）稳步推进易地搬迁后续扶持，有效巩固脱贫成果

近年来，各地始终把后续扶持作为保障搬迁群众稳定脱贫的重要手段和巩固搬迁成果的关键环节，通过全力推进公共服务、产业就业帮扶、社区管理等后续扶持管理工作，全面系统做好易地扶贫搬迁后扶工作。一是推进稳岗就业。要使搬迁群众"搬得出、稳得住、能致富"，就业是关键。如正安县积极发挥好安置区就业创业服务中心和劳务输出信息平台作用，提高劳务输出组织化程度，每月开展就业跟踪服务，千方百计巩固外出务工成果。积极围绕

就业创业培训、就业渠道拓宽，以及引导、引荐、推荐、安排就业等健全移民发展保障机制，根据年龄、性别、身体状况、兴趣爱好等，开展分类培训。此外，通过召开专场招聘会，推荐到企业、市政机构，拓宽群众就业创业渠道。二是完善社区治理。为进一步规范易地搬迁安置点的社区管理，正安县探索建立"党建+管事小组"模式，通过在安置点内设置管事长，发挥其基层经验足、人缘广、沟通协调能力强的优势，参与社区治理各项工作，开展政策宣传、收集社情民意、处理各类诉求和矛盾纠纷、排查消除安全隐患等，深入推动社区治理协调有序。三是构建公共文化服务体系。各地结合易地扶贫搬迁安置点实际和移民生活实际，通过组建新时代文明实践志愿服务队，积极组织开展社区管理、技能培训和文明传播志愿服务，打通了宣传群众、教育群众、关心群众、服务群众的"最后一公里"。如正安县瑞濠安置点儿童服务站，开展"四点半课堂"新时代文明实践志愿服务项目，解除搬迁群众后顾之忧。

（三）壮大特色产业，助力县域经济高质量发展

近年来，各地以新发展理念为引领，以推动高质量发展为主题，深挖资源禀赋，持续做大做强特色产业。一是培育县域农业特色产业，发挥产业帮扶引领带动作用。作为陕西苹果发祥地的洛川县，自中华人民共和国成立以来就扎根于苹果产业的发展，从引种推广到苹果产业产、贮（加）、销一体化试验，再到苹果种植规模专业县的全面打造，走出了一条黄土高坡上的产业振兴之路。2022年洛川县苹果产量105.86万吨，实现鲜果产值58.19亿元，同比增长8.9%。二是创新发展县域融合产业，提升欠发达县域内生发展动力。饶河县将当地优质水稻、东北黑蜂等特色农业元素，完达山森林、乌苏里江湿地等生态旅游元素，赫哲民俗、关东风情等地域文化元素有机整合，变"单一发展"为"融合发展"，重点培育发展"旅游+生态+赫哲民俗+现代农业+文化"新业态，打破优势资源闲置、景点景区"稚嫩"、产业发展滞后的不利局面，打造出欠发达地区农旅文融合发展新范本。据统计，2023年上半年，全县累

计接待游客31.5万人次，同比增长23.8%，实现旅游收入2.84亿元，同比增长21.3%。三是积极探索县域非农特色产业发展路径，提升县域综合实力。正安县享有"吉他之都"的美誉，2012年在政府引导下，贵州正安经济开发区顺利建成，充分利用在外从事吉他制造的农民工和老板，将吉他产业落户正安县，实现了吉他产业从无到有的"华丽蜕变"。截至2023年6月，园区入驻企业167家，正安吉他年产销量突破600万把，产量占全国的五分之一、世界的七分之一，产值近60亿元，进出口总额8013万美元，成为全球规模最大、聚集度最高的吉他生产制造基地。四是促进全产业链就业能力，拓宽欠发达地区农民增收渠道。近年来，各地以促进农民增收为核心，有效发挥专业合作社、农村集体经济、农业企业等主体作用，形成紧密的利益联结机制，让农民从产业链增值中获取更多利益。如正安县2022年通过以工代赈方式，创造用工需求80余万人次，有效带动2万余名群众实现灵活就业。黑龙江饶河创新构建线上销售平台，通过发布短视频、组织直播活动等方式，打通线上销售渠道，带动本地就业。截至2023年6月底，饶河县拥有电商企业68家、电商网店1400余家，培育出拥有100万级以上粉丝量主播12个，带动相关企业160多家，带动就业12000余人。

（四）牢牢把握发展机遇，提升社会帮扶带动效能

过渡期内，各地瞄准欠发达地区常态化帮扶，推进东西部协作、对口支援、社会帮扶的精准化长效化，强化产业帮扶、社会事业及公共服务发展帮扶，统筹土地、农业科技、劳动力、人才等资源，增强欠发达地区内生发展动力。如正安县有效利用横琴粤澳深度合作区协作帮扶机制，在产业兴旺、社会联动、人才交流等方面开展了全方位、多领域的帮扶协作。通过在横琴口岸提供吉他展示、销售、培训等服务，极大提升了正安吉他在大湾区的知名度和影响力。同时，引入社会联动，大力吸引珠海和横琴深合区社会组织过来结对帮扶。此外，不断加强人才交流，通过选派技术人员挂职和开展教育医疗帮扶，

不断提升自身队伍能力水平,持续推进人才振兴。

二、面临困难挑战

总的来看,近年来各地在巩固拓展脱贫攻坚成果方面做了大量工作,但在实现县域常态化帮扶方面仍存在较多短板,在全面推进乡村振兴过程中仍面临诸多困难和挑战。

(一)县域经济基础薄弱,自有财政保障能力较低

随着全国经济发展转型步伐的加快,各类生产要素向大城市集聚的趋势更加明显,对欠发达地区的县域发展形成现实压力。如从政府财税收入看,2022年贵州正安县一般预算公共收入3.6亿元,陕西洛川县级自有财政收入仅8966万元,黑龙江饶河自有财政率仅9.62%,都主要靠上级财政转移支付,造成发展投资受财政资金"掣肘"。从市场发展活力看,近年来受到国内外经济形势影响,很多市场主体在自身运营上面临较多困难,对于欠发达地区的项目投资更为谨慎。很多地区县级财力受限,在吸引外部资源推动本地经济发展中缺乏资金和政策支持,很多市场主体参与发展的积极性不高,带动能力有限。据了解,正安县县域重点企业数量少,2022年全县税务登记户15017户,其中一般纳税人777户,小规模纳税人14240户,全年缴税百万元以上的有56户,入库税收超亿元的仅1户(烟草公司),占税收总额的32%。纳税排名前十的企业有5家为政府平台公司或旗下公司,税收大部分集中在国有或国有控股企业,市场经济中富有活力、潜力、创造力的民营企业占比较少。

(二)农业产业化水平不高,农村"造血能力"不足

当前,欠发达地区的农村产业仍存在组织化程度不高、市场接入不好、带

农机制较弱等问题，与今后推进农业现代化，实现产业振兴还有较大差距。调研了解到，很多产业虽然有一定基础，但仍存在产业品牌不强、产销对接存在差距、产业发展后劲不足等诸多问题。如正安县主导产业白茶，现阶段虽然有了一定发展基础，但由于管护上投入不足，市场对接和品牌创建开拓不够，科技支撑薄弱等因素，很多"正安白茶"被浙江商人带到长三角地区，成为"安吉白茶"的原料茶，大部分利润其实未留在正安县茶农和茶企手上。再如洛川县苹果产业，虽然发展时间长，但是在产业链构建上并不完善。据调研了解到，全县135个果业企业经营主体中，省级农业产业化龙头企业只有6家，暂无大型上市企业。整个产业园区加工企业有9家，且都停留在果醋、果脯和脆片等简单加工环节，产业附加值较低，未能产生规模聚集效应。与此同时，欠发达地区的农业多功能拓展不足，导致农业与生态、文化等资源的融合度不高。如洛川县具有丰富的历史文化资源，但是相关资源尚未得到有效整合开发，农文旅产业发展较为不足。

（三）基础设施、公共服务、人居环境短板仍然突出

通过开展脱贫攻坚，农村基础条件已得到全面改善，公共服务明显加强，但从区域和城乡对比看，仍存在较大差距。基础设施方面，如饶河县目前仍没有通铁路和高等级公路，正安县虽有高速，但无高铁、飞机，交通滞后已成为县域发展的主要瓶颈。教育、医疗、网络、养老、社保等方面，有的地区脱贫户和非脱贫户缴纳合作医疗标准不一，如脱贫户每人缴180元，非脱贫户每人缴320元，导致非脱贫户意见很大。人居环境整治方面，县域内大部分地区农村生活污水、生活垃圾已进行治理，但仍有部分地区没有得到及时清理，是今后一个时期需要攻克的突出问题。

（四）帮扶管理体制机制尚不健全

在过渡期，脱贫地区保持了各项政策的延续性，但在地区帮扶管理体制

机制方面尚待完善。一是帮扶部门之间的合力有待形成。据了解,当前帮扶过程中,存在各部门之间职责不清晰、沟通不通畅、信息未共享、标准不统一等问题,部门合力尚未形成。二是扶持资金投入和项目管理机制有待健全。当前,扶持资金投入以基础设施建设和人居环境整治项目为主,产业类发展项目相对较少,而且在策划产业项目时也存在重硬件轻软件的情况,项目形成的资产还存在管护资金无法落实的问题。三是帮扶方式和帮扶模式有待完善。当前有的乡镇(街道)将各部门帮扶村集体的资金统筹使用,采取债权的方式注入市场主体,此种方式能够在短时间内提高村集体经济经营性收入,但这种方式仍然没有激活村集体经济"自我造血"能力,扶持资金仅仅作了财务投资,没有起到财政资金的撬动作用。

三、对策建议

针对调研发现的突出问题,立足我国县域经济发展现状,提出过渡期后推动欠发达地区建立常态化帮扶机制的对策建议。

(一)调整帮扶资金投入重点与范围

一是加大对欠发达地区的资金倾斜。国家层面的巩固拓展脱贫攻坚成果同乡村振兴有效衔接的资金项目要向欠发达地区适当倾斜,鼓励支持东部劳动密集型产业向欠发达地区转移,强化对口帮扶中的产业、人才、科技等支持力度,增强县域经济发展能力。二是加大对欠发达地区基础设施投入。欠发达地区多是交通和地理条件较差的地区,要在国家层面规划建设高铁、机场、水路等重大交通干线时向重点帮扶县倾斜,落实重大项目解决大动脉问题,推动大交通引领经济大发展,切实增强重点帮扶县内通外联能力。三是切实完善乡村建设相关配套政策。建议国家层面出台美丽乡村建设具体支持政策,突出建设标准、规范建设要求,引导各地按照"科学规划、突出特色、保护文化、留住乡愁、优化基础、延伸服务"的原则，持续改造提升传统民居、老旧院落、优化提升农村居民住房质量。以实施乡村旅游、发展旅居民宿产业为载体，推进宜居宜业宜游美丽乡村建设，有效带动农民群众提高收入。

（二）持续完善区域产业帮扶机制

一是研究出台支持欠发达地区的产业发展政策。在产业发展资金投入方面，鼓励新型农业经营主体和农户积极参与产业建设，资金支持可采取先建后补等方式，尽量去项目化，即产业符合产业规划、达到一定规模、取得一定成效、具有一定带动帮扶能力等，经评估验收后就可以获得产业资金支持。二是推动乡村特色产业提档升级。鼓励各地区根据自身实际情况，制定适应本地区的高质量特色产业发展规划。创新三产融合发展模式，打造以园区建设为重点的产业融合载体，加快推进农村电商发展，积极推动农文旅融合发展。三是完善利益联结机制。鼓励欠发达地区根据自身产业发展特点，在保持政策延续性的同时，不断优化产业帮扶政策，通过培育壮大欠发达地区的龙头企业、农民专业合作社、家庭农场等主体，构建紧密的联农带农机制，降低生产经营成本，促进农民增收。

（三）建立健全欠发达地区常态化帮扶管理体制机制

一是加强帮扶政策衔接并轨。针对欠发达地区经济社会发展现状，加强帮扶政策衔接，确保政策的连续性和可持续性。政策制定过程中要注重因地制宜、分类施策，建立健全监督、考核、评估机制，确保政策有效实施和欠发达地区长期受益。二是完善常态化帮扶机制。继续对"三类重点人员"开展监测，适时调整帮扶政策，推动帮扶资源上移到村或乡镇，实现帮扶方式由点及面的转变。合理确定财政帮扶资金和项目，减少重复性项目，采取多种方式盘活扶贫资产，放松对盘活闲置项目的限制。特别是对确权在村集体经济组织的资产,要系统考量、创造条件,推动资产实现市场化运营,为发展壮大欠发达地区农村集体经济注入动力。资金分配与扶贫成效挂钩,加大以工代赈成果运用。三是建立完善培养和引进乡村人才体制机制。围绕欠发达地区优势特色产业,在全国层面引进人才,有针对性地帮扶产业主体。

执笔人:冯丹萌　张　斌　何安华

第四章 | 县域经济高质量发展助力乡村 全面振兴的做法和经验

党的二十大报告指出,高质量发展是全面建设社会主义现代化国家的首要任务。习近平总书记到广东茂名考察调研时强调,推进中国式现代化,必须全面推进乡村振兴,解决好城乡区域发展不平衡问题。要坚持走共同富裕道路,加强对后富的帮扶,推进乡风文明,加强乡村环境整治和生态环境保护,让大家的生活一年更比一年好。习近平总书记的重要论述为县域经济高质量发展、全面推进乡村振兴、逐步实现共同富裕指明了方向。广东高州、河南林州、四川青川、浙江平湖四地的实地调研发现,始终坚持以党建为引领,充分发挥基层党组织战斗堡垒作用,以乡村产业兴旺为基础,扎实推进乡村建设、乡村发展、乡村治理、城乡融合等重点工作,加快中国式农业农村现代化步伐,为全面推进乡村振兴打下了良好基础,对其他类似地区发展具有重要的借鉴意义。

一、组织联建,多元参与,推进党建引领体系化

(一)建强组织,推动乡村多赢转变

基层党组织是新时代推动乡村振兴的重要引擎。党建引领乡村振兴,就是各地要将党的领导和组织优势转化为推动乡村发展的优势,以党建激活乡村发展的内生动力。一是创新打造党建联村模式。充分发挥农村基层党组织战斗堡垒作用、基层党支部书记领头作用和党员先锋模范作用,以高质量党

建引领乡村全面振兴。高州市在跨村重点乡村振兴项目建设中,因地制宜采用党建联村模式,在同一个区域、同一条线路上,指导成立项目建设临时党组织,协调解决跨区域项目建设难题,推行镇村联动、村村联动,区域内联治联产。二是成立产业链党委。积极探索"党建+产业"发展模式,推动党组织建设与产业发展同频共振、同向发力,大力推动特色产业的规模化、标准化、品牌化发展。例如高州市立足当地产业优势,依托荔枝产业协会,成立荔枝产业链党委,发挥"统筹指导、稳定价格、提供技术、开展培训"作用。由党委牵头对农户荔枝进行保价,稳定市场价格,积极应对市场风险,将党建优势转化为发展优势,推动荔枝产业融合发展。

(二)延链强链,促进乡村三产融合

产业振兴是乡村振兴的重中之重,各地要统筹整合政策、项目、资金、人才等资源,着力在产业链党建共建上下功夫,推进补链延链强链固链。一是因地制宜实施联村党建新举措。坚持党建引领乡村产业项目建设,整合区域党建力量,组建临时党总支,推动联村联建联治。近年来,平湖市聚力推进强村富民计划,以党建为引领,创新推出"飞地抱团"发展模式,并持续走出了一条从镇域抱团、市级飞地到山海协作、东西部扶贫协作的品牌升级扩容之路。二是创新探索产业链党建工作新模式。把党组织建在产业链上、党员聚在产业链上、农民致富在产业链上,发展思想觉悟高、带富能力强的党员,充实党员带头人队伍,促进一二三产业融合发展。林州市以"基层党建+村集体经济合作社+农户+龙头企业"发展模式,完善特色种植、水产养殖、林果采摘、研学旅游"四个基地",发展"村社一体"合作化的"田园综合体"模式。三是全力构建多元主体参与新格局。坚持党建引领,用活用好发动党员、乡贤、群众等力量,探索实践出一条"改革驱动型、平台辐射型、产业孵化型、城乡融合型"的乡村产业发展之路。青川县七佛乡突出资源优势,坚持党建引领,通过强化组织引领、强化银晖力量、强化机制建设、强化职能服务,成立茶叶产业推进领导小组，选聘一批党员茶园长，成立老党员"银晖"志愿服务队，推进现代农业产业园区建设。

（三）规划先行，创新乡村社区建设

乡村建设是实施乡村振兴战略的重要任务，把党建优势内嵌于生产发展、环境整治、乡村治理等方面，团结带领党员群众助推乡村"蝶变"，描绘出"望得见山，看得见水，记得住乡愁"的美丽乡村新画卷。一是领导带头，先行示范。创建乡村治理"微十条"措施，开展全市"平安大走访"活动，安排干部定期下沉到全市村居开展走访、接访，实践"联村党建、联村共建、镇村同建"等乡村治理模式。林州市班子领导深入联系点，通过市直单位包百村、领导干部进驻村等形式，同群众一起清理垃圾、清洁家园，全面参与乡村三清三拆三整治工作。二是支部引领组织，广泛发动群众。以党建凝聚力量，调动群众积极推进人居环境整治，共建十里生态碧道、百户岭南民居、千年荔枝文化、万亩甜美果海的生态美丽宜居乡村。林州市以五星支部创建为抓手强化党建引领，通过志愿服务、农民夜校等载体，进一步组织群众、宣传群众、凝聚群众、服务群众，提高群众改善人居环境的知晓度、参与度。三是党员先行，带头实干。面对"断头路"等长期影响群众出行的难题，村"两委"干部带头拆除自家的旧宅，做到自身自清，引导群众一起行动。平湖市坚持党建引领，着力构建"党建统领、农民主体、三治融合、整体智治"的现代乡村治理体系，启动新一轮农村基层党建"双整"工作，成立乡村振兴党建联盟，凝聚人社力量助力乡村振兴。

二、集约集群，联农带农，助推乡村产业规模化

（一）提升科技含量，发展乡村特色产业

高质量发展特色产业要充分依靠科技引领，通过科技创新提升特色产业的竞争力和附加值，推动经济转型升级。一是建设产地冷藏保鲜设施。高州市按照"果蔬主产区全面建、水果优势区连片建、散点区集体建"的模式，整县域布局，建成冷藏保鲜设施263个，新增库容9.8万立方米，提升冷藏能力1.42万吨，持续提升保鲜技术。同时创新建设集智能分拣、仓储保鲜等十个功能于一体的田头小站，引导市场主体在产地建设产地冷链集配中心，强化预冷、分拣、配送、直销等功能，将田头小站打造成支撑农产品上行的产地综合服务平台。二是建设高能级的科技创新平台。平湖市、青川县把握"数字乡村"这一时代趋势，聚焦产业发展的现实需求，整合科技研发资源，推动创新链同产业链深度融合，以产业需要牵引科技创新，以科技创新助推产业振兴，促进科技创新与农村经济发展深度融合，防止科技创新与经济发展"两张皮"。通过数字化运用，建立区域农产品上行集散平台及工商产品下行的导入平台，为区域农业产业发展和农产品销售赋能，促进农业产业升级。

（二）依靠文化赋能，打造区域公用品牌

深度挖掘当地文化，立足当地优势资源，因地制宜、科学规划特色产业，做足做活"土特产"文章，提升农产品附加值，是推动县域经济高质量发展的有力抓手。一是以地标产品为引领强化品牌建设。充分发挥产业集群优势，以点带面，辐射带动全县域特色产业发展，持续推广地域特色品牌，积极支持龙头企业打造企业自主品牌，构建"区域公用品牌+产业（产品）品牌+企业自主品牌"的特色农业品牌体系。如高州市通过传承荔枝文化、建强产业园区、壮大产业平台、开拓销售市场，联合农业龙头企业和农民合作社、家庭农场

形成产业化联盟，打造文化底蕴最深的"高州荔枝""高州龙眼"等区域公共品牌，把"土特产"这三个字钻研深、琢磨透，实现"小特产"变成"大产业"，引导全产业链对接大市场，壮大了政治效益、经济效益、社会效益和文化效益。二是加强宣传推介。结合传统节日，以节会推广地域特色产品，在弘扬中华优秀传统文化的同时实现产业发展、乡村建设和乡村旅游相结合，并借助国家、省级主流媒体报道，持续推动与淘宝、京东、抖音、拼多多等平台的沟通对接，提高特色农产品知名度。如2020年林州市以茶马古道太行菊田为载体承办了安阳市农民丰收节，借助茶马古道旅游综合体、留林生态园、西沟传统村落民宿等旅游资源，大力科普研学、休闲观光、采摘经济，持续提高茶店太行菊的知名度和美誉度。

（三）整合资源要素，共享产业发展成果

盘活利用农村土地、厂房、山林、资金等要素，实现集体经济生产的再组织化，是推动县域经济高质量发展的重要途径。一是建设"三资"监管平台。所有村级资源资产上网公开招租，并采取电子竞投的方式进行公开交易，扩大了信息发布范围，吸引了更多投资者竞价，促进了资源资产保值增值。二是推进农村"三变"改革。通过引导村集体、村民以资金、土地、山岭、房屋及其他要素资源入股农业经营主体，变资源为资产、资金为股金、农民为股东，采取"土地保底收益+经营收益分红"的模式，进一步增加村集体、村民收入。三是探索农业生产托管方式。针对外出务工群众多的问题，发动群众根据土地肥力、位置、面积等实际，采取"合作经营+保底收益+增产分红"等模式聘请企业经营，大大提高了农用地的使用效益。四是成立强村公司。针对农村集体经济发展效率低下的难题，将市场经济运行模式嵌入农村集体经济发展中，打破村镇地域边界，统筹盘活运营辖区内各类资源资产，推进农货出山出海，有效带动村集体经济提质增效和农民增收，为新阶段全面推进乡村振兴开拓了新路径。

三、资源联用，上下同心，促进乡村建设系统化

（一）强化主体联动，引领示范创建样本

2022年中央一号文件明确提出要开展"百县千乡万村"乡村振兴示范创建工作，采取先创建后认定方式，分级创建一批乡村振兴示范县、示范乡镇、示范村，广泛动员社会力量参与乡村振兴，深入推进"万企兴万村"行动。一是镇村内联动推进试点工作。高州市紧抓"百县千镇万村高质量发展工程"实施机遇，将乡村振兴示范创建工作与全面落实"百千万工程"紧密结合，通过谋划建设5条县级乡村振兴示范带，串起各镇各村特色资源，在示范带上打造出特色产业镇村、特色圩街、"高凉墟"以及发展民宿、乡村夜市。示范带的建设取得了联城带村效果，达到了旺了乡村、富了农民、集体增收的良好效果。二是主体融合发展构建良性发展格局。林州市以农村人居环境整治提升标准化建设为抓手，与标准化提升示范创建相结合，打通了东南公路、黄金通道迎宾大道、乡村文旅线等七条示范带。通过整合资源，积极发展现代化的田园综合体，实现了乡村旅游和农业生产的同步发展，重塑了乡村的活力，并深刻改变了农业发展方式、农民增收方式、乡村生活方式和乡村治理方式。

（二）推动要素流通，构建强村富农格局

为做好"统筹城乡发展"大文章，各地积极探索形成村集体经济抱团发展模式，并持续走出了一条从壮大村级集体经济到低收入家庭增收的精准消薄扶贫新路，推动各要素在城乡间双向流动，构建了强村富农的高质量发展格局。一是激活土地要素促村民增收。高州市通过形成"摸资产、选产业、引企业、带农户、确对象、定资金、商股比、签合同、推项目、抓验收"的"三变"改革"十步走"基本流程，引导村集体、村民以资金、土地、山岭、房屋以及其他要素资源入股农业经营主体，形成利益联结机制，将零散地块和小农户统筹

调动，抱团发展，共同对抗市场风险；同时发挥辐射带动作用，联农带农，创造就业岗位，实现促进村集体、村民增收的目标。二是整合全要素拓农民增收渠道。平湖市以全域土地综合整治与生态修复工程为契机，进行全要素综合整治，优化农村生产、生活、生态空间。探索"集体+"新型合作经济发展模式，深化"股份分红+善治积分"收益分配模式，实现积分管理、股金分红、普惠金融等功能数字化，推动模式提质增效。持续推进农用地综合整治，加强耕地保护，抓好高标准农田建设，启动耕地集中连片千亩方永久基本农田示范区建设，完善农业基础设施，确保城乡融合区域环境整体改善，城镇发展空间有效拓展。

（三）整合资金项目，全域打造美丽乡村

强化资金保障，将项目资金与发展全域产业、旅游相结合，把打造整洁环境作为乡村旅游发展的重要支撑，全方位、立体式提升农村人居环境，努力推动乡村环境美丽蝶变。一是整合资金建设园区。青川县抢抓政策机遇，多渠道整合项目资金，全方位改善乡村及园区基础设施，在重点区域和薄弱环节精准施策，补齐农村基础设施建设短板。坚持"整合项目、聚集资金、集中投放"的原则，整合高标准农田建设、现代农业工程、智慧乡村建设等财政涉农项目资金，配套完善茶叶等园区示范基地的田网、水网、路网、电网、信息网等基础设施。二是优化资金投入格局。平湖市建立健全财政优先保障、金融重点支持、社会资本参与的多元投入机制，稳步推进涉农资金统筹整合，优化资金使用结构，创新财政资金使用方式，探索农业领域政府和社会资本合作，推动金融服务创新，撬动金融和社会资本重点投向平湖市农业经济开发区和现代农业示范园的农业基础设施建设，逐步形成集中财力办大事的政策体系，提升农业投资整体效率和收益。

四、组织起来，共享共治，驱动乡村治理现代化

（一）落实两山理念，改善乡村人居环境

生态文明建设是关系中华民族永续发展的根本大计，是关系民生福祉的重大社会问题。面对各类生态环境问题，习近平总书记多次强调，"我们既要绿水青山，也要金山银山。宁要绿水青山，不要金山银山，而且绿水青山就是金山银山"。四县（市）在以下工作中成效明显。一是推动生态文明融合共建。高州市将生态文明建设与人居环境整治、精神文明建设相融合，共建工作效果显著，以融合农文旅为目的，以点成线建设涵括88公里、88个景点、20条精品村的甜美果海乡村振兴示范带。在全域构建新时代文明实践阵地，逐渐健全村规民约，呈现出一幅乡风文明、治理有效的精美画卷。二是助力全域旅游发展。林州市践行绿水青山就是金山银山的理念，在人居环境整治方面取得成效。为全域旅游打造生态宜居城市，推行"六乱""六清"整治工作，开展每周五"全民洗城"活动，获评河南省首批"四好农村路"示范县。该市林石公路还被评为全国十大"最美农村路"。三是加强低碳示范县建设。平湖市践行习近平生态文明思想，在积极推进低碳示范县建设中有较大作为。探索建立农业"负碳"模式，试点建设浙江省首个"负碳"植物工厂，推行新型民用低碳生活方式，运行浙江省内首个共富共享新型电力系统。四是兼顾处理发展与环保工作。青川县在特色产业发展中坚持正确处理发展和环保的关系，实现当前利益和长远利益的统一。建立了激励农业资源合理利用和保护机制，实现了经济效益、社会效益和环境效益的统一。重点引导发展庭院种植模式、庭院养殖模式、庭院休闲模式。通过实施农户庭院种养立体发展，物质能源得到有效循环利用，取得了经济效益和生态效益的双丰收。

（二）鼓励全民参与，创新乡村治理方式

现代乡村社会治理，要全面强化党的领导，促进政府负责和社会协同相得益彰，其中最为关键的是要促进公众参与。高州市和林州市在创新乡村治理方式中有所进展。一是探索多种路径共治共建模式。高州市通过乡村振兴大擂台将镇村力量组织起来，村干部组团带头入户宣传与整治环境卫生，发动群众参与，实现从"问题村"向示范村的转变；挑选"五老"人员，组建镇、村、组三级和谐促进会，化解村中矛盾纠纷；推广高州市基层治理"微十条"，实践"联村党建、联村共建、镇村同建"等乡村治理模式。二是联动资源鼓励全民参与乡村治理。林州市联动周边资源，鼓励全民参与，调动村民积极参与到治理体系中。林州市南屯村附近有红旗渠—太行山大峡谷旅游景区等多个景点，其中南屯村利用地理优势和各类多元的资源，通过全民参与的方式，改变了村街的整体环境，推动了整村发展，充分发挥了能动性，加快推进了村庄治理的进程，提高了治理水平。

（三）坚持数字赋能，提升乡村治理水平

党的二十大报告提出："健全共建共治共享的社会治理制度，提升社会治理效能。"乡村治理是国家治理的基础，提高乡村善治水平是提升国家治理效能的必然要求。中共中央办公厅、国务院办公厅印发的《数字乡村发展战略纲要》将数字乡村作为数字中国建设的重要方面，提出构建乡村数字治理新体系。平湖市把握"数字乡村"这一时代趋势，率先建成数字乡村大脑，农村信息化走在浙江省乃至全国前列。平湖市通过创新"网格智治""积分激励"等治理模式，开发"善治宝""治惠富"等数字化应用，给基层网格化管理插上了数字的翅膀，激发出村民参与乡村治理的积极性，推动了基层治理的"四治融合"，加速了城乡治理一体化的进程。同时，平湖市借助数字技术深化网格化管理机制，深化"最多跑一次"改革，全面构建"家庭—网格—网格长—

村—镇街道—市"五级便民服务网络,推行全科网格化管理,以大数据运算服务农民生活、赋能乡村善治。

总体上,高州、林州、青川、平湖四县(市)持续发展壮大县域经济,推动巩固拓展脱贫攻坚成果同乡村振兴有效衔接,推进产业融合与绿色发展,依托县域发展统筹城乡资源和公共服务,自上而下深化各级党组织对乡村振兴的全面领导,以县域经济高质量发展全面推进乡村振兴的成效初步显现。四县(市)紧密围绕党建引领、乡村产业、乡村建设、乡村治理等方面入手,通过组织联建、多元参与,推进党建引领体系化;集约集群、联农带农,助推乡村产业规模化;资源联用、上下同心,促进乡村建设系统化;组织起来、共享共治,驱动乡村治理现代化,进而迈向共同富裕。在此基础上,本报告提出以下四点经验启示:

第一,党建强,则发展强。党建引领要牢固树立"抓好党建是最大政绩"的理念,以上率下,示范带动各级党组织书记聚焦主责主业,营造重视党建、大抓基层的氛围;要突出大抓基层的鲜明导向,围绕重点领域,找准党建聚焦点,分类统筹推进各领域基层党组织党建;要牢固树立起党建思维,通过基层党组织标准化规范化建设,以提升组织力为重点,突出政治功能,树立基层党建样板,打造基层党建的精品工程。

第二,乡村产业规模化作为促进县域经济发展的重要抓手,乡村产业应当坚持因地制宜、突出特色,理性发展、质量优先,企业主体、市场运作,推动特色产业发展。具体而言,特色产业发展模式的选择要立足当地实际,因地制宜;坚持以人为本,培养更多农村青年骨干人才;充分依靠科技引领,提高农业资源利用率;正确处理发展与环保的关系,实现当前利益和长远利益的统一;以农民增收为核心,让农民更多分享产业增值收益。

第三,乡村建设作为县域经济高质量发展的关键一环,需要全方位整合资源,打造涉农资源管理系统,挖掘地区资源培育特色产业,带动乡村振兴发展。具体而言,需要结合当地实际,深刻把握乡村振兴的总体要求和规律,坚持规划引领、科学制规、精准规划；集聚组织资源、盘活自有资源、吸纳外来资源，通过资源联用，凝聚合力，形成联强扶弱格局，绘就地区全域宏伟蓝图。

第四，乡村治理现代化进程关乎着国家治理现代化的目标能否实现。在推进乡村治理现代化的过程中，应当坚持两山理论，提升人居环境整治水平；树立以人民为中心的理念，强化村民参与决策和治理过程，确保决策更加公平；依靠数字赋能，加强现代数字技术应用，真正实现乡村治理的降本提质。

执笔人：谢治菊　张　斌　何安华

县域篇

第五章 | 促进脱贫人口持续 较快增收：蔚县案例

消除贫困、改善民生、逐步实现共同富裕，是社会主义的本质要求。在全面打赢脱贫攻坚战以后，工作重点已由消除绝对贫困转向防止返贫和脱贫人口增收。而部分脱贫县存在脱贫人口收入低且增长速度较慢问题，这对巩固脱贫攻坚成果衔接乡村振兴构成了挑战。2023年6—7月，华中师范大学调研组围绕"促进脱贫人口持续较快增收"主题，到河北蔚县开展乡村振兴典型调查。

一、蔚县巩固脱贫成果工作情况介绍

蔚县位于北京正西，河北西北部，张家口最南端，总面积3220平方千米，辖22个乡镇，561个行政村（社区），总人口51万人，其中农业人口41.9万人。打赢脱贫攻坚战以后，蔚县聚焦"四个不摘"总体要求，确保工作不留空当、政策不留空白，脱贫攻坚成果得到有效巩固。

第一，推动责任压紧压实。一是及时调整成立由县委书记、县长任双组长的巩固拓展脱贫攻坚成果领导小组，充分发挥县巩固脱贫成果领导小组、17个工作专班以及乡村工作机构的组织领导作用。二是落实包联责任。有效落实县领导包乡联村和乡镇干部包村责任制，县委书记、县长安排部署，县级领导勤督实查，乡村干部常态走访，进一步强化末端落实。

第二，"三保障"及饮水安全持续巩固。一是强化教育保障。56550名义务教育学生无一人失学辍学。二是强化医疗保障。落实分类资助参保政策，实现基本医疗保险、大病保险、医疗救助三重保障"一站式"结算。三是强化住房保障。健全农村住房动态监测机制，2022年危房改造87户，竣工验收并拨款84户，开工率100%，竣工率96.6%。

第三，防返贫监测帮扶不断完善。一是精准落实动态监测机制。按照"全面监测、重点帮扶"原则，2022年新纳入防返贫监测对象291户640人。二是精准落实帮扶救助机制。坚持事前预防和事后帮扶相结合，健全完善"产业带、就业帮、金融保、政策兜、急难救、智志扶"的帮扶体系。2022年，全县1371户2639人稳定消除返贫风险（占全县防返贫监测对象总人数的72.1%），未发生返贫致贫现象。

第四，乡村治理能力不断增强。一是强化基层组织建设。实施了"百名兵支书"选育计划，243名退役军人进入村"两委"班子，86名党员退役军人担任党支部书记。二是持续壮大集体经济。紧盯帮扶村集体经济发展薄弱村，通过抓实领头羊、驻村、人才、产业书记（顾问）"四支队伍"，汇聚起发展壮大村集体经济的强大合力和持续动力。

二、蔚县带动脱贫人口增收的重点工作分析

（一）特色产业发展与脱贫人口增收

1.培育农业特色产业，带动脱贫户稳定增收

第一，不断壮大农业特色产业。在小米产业方面，2022年小米种植面积达20余万亩，带动全县1.7万户脱贫户稳定增收。在中药材产业方面，蔚县2022年中药材种植面积达8万余亩，配套完善中药材加工基地4处，发展专业合作社36家。

第二，建立健全利益联结机制。重点培育龙头企业、农业合作社等新型农业经营主体，组织申报省级农民专业合作社示范社4家，国家级示范社1家。

大力推广"公司+合作社+农户"发展模式，企业与农户建立紧密利益联结机制，扩大生产规模。

第三，开展以项目带动增收行动。2022年，蔚县实施大豆玉米带状复合种植项目4.8万亩，组织实施1000万元粮油绿色高质高效行动项目和220万元谷子产业集群项目。推动特色农产品深加工项目，项目占地30亩，投资6000万元，建设生产车间1.4万平方米。

2. 创新金融帮扶方式，支持产业链拓展延伸

根据蔚县特色产业结构特点，建设银行蔚县支行打造出金融助力乡村振兴专属名片蔚县"小米卡"。

一是"小米卡"使农户服务费用更低。除了最基础的储蓄卡功能，还针对特色产业种植户，提供了开卡手续费、年费、跨区域取款手续费、跨行取款手续费、短信服务费五项费用减免。二是"小米卡"使农户贷款更容易。符合特色种养殖的农户，还可以借助"小米卡"开通中国建设银行App为当地打造的特色"小米贷"惠农金融服务，该专项贷针对特色种植企业最高授信额度300万元，针对个人农户授信额度30万元。

蔚县支行主要围绕种植、加工、销售三个关键环节助力特色产业发展。在种植环节，截至2022年底，累计为蔚县特色产业种养殖农户375户授信个人类小米贷2862万元，支用1959万元，平均每户7.6万元，年化利率3.95%，全部为信用低息贷款，免抵押免担保。在加工环节，以"善营贷"为产品依托，为全县农副产品加工企业集群批量授信共计4500万元，2022年底已累计实现投放20户、3259.2万元，全部为信用无抵押、利率最高不超过4.25%。在销售环节，截至2022年底，蔚县支行通过中国建设银行善融商城网上渠道，累计为蔚县特色加工企业实现销售额2200万元。

从工作成效上看，蔚县支行围绕下宫村乡产业发展实际，为贡米加工龙头企业萝川贡米有限公司发放小米贷—善新贷500万元，带动300余户农民增收；创新托管云贷，为农村集体经济组织或合作社发放贷款用于向托管企业支付托管费，解决了托管企业的资金瓶颈，2022年5月成功为留南堡村蔚县成德农作物种植专业合作社发放小米贷—托管云贷120万元，带动村民增收60余万元；为下宫村乡23户特色产业种养殖农户发放贷款141万元，提高了其抗风险能力，扩大了其种养殖规模。

（二）劳动力转移就业与脱贫人口增收

1. 规范公益性岗位管理，推动脱贫群众按需精准定岗

一方面，蔚县坚持"公开、公平、公正"的原则，从2019年起逐步探索并建立了完备的乡村公益性岗位聘用流程。2020年张家口市人社局将蔚县公益性岗位选聘流程及管理细则在全市进行了推广。为进一步规范乡村公益性岗位，确保其作用得到充分发挥，蔚县人社局开展乡村公益性岗位指导工作，加大乡村公益性岗位开发力度。截至2022年底，蔚县乡村公益性岗位在职11566人，已超去年人数464人。

2. 聚焦设立帮扶车间，促进脱贫群众就地就近就业

为帮助脱贫劳动力实现在家门口务工就业，蔚县积极挖掘县域内发展前景好、带动能力强的企业，开发认定帮扶车间。截至2023年6月，蔚县共认定就业帮扶车间19家，占全市43家就业帮扶车间的44%，带动就业562人，其中脱贫劳动力304人，各项指标均位列全市第一。为帮助企业建设发展帮扶车间，蔚县从车间建设到带动就业，为全县就业帮扶车间提供支持，其中为吸纳带动脱贫劳动力就业效益好的就业帮扶车间共发放创业担保贷款590万元、一次性生产补贴27万元、一次性吸纳就业补贴25.5万元；为在帮扶车间稳定就业6个月以上的脱贫劳动力发放稳岗补贴16.42万元。

（三）补贴政策的调整完善与脱贫人口增收

1. 提高兜底保障标准

持续提高兜底保障标准，继续落实"单人保""刚性支出扣除""渐退

期"等政策。从2022年7月起，蔚县农村低保保障标准由每人每年4644元提高到5244元；农村特困人员基本生活标准由每人每年6060元提高到6828元。孤儿基本生活最低养育标准和事实无人抚养儿童基本生活补贴标准在原有的基础上分别提高300元，集中养育孤儿基本生活最低养育标准达到1850元，社会散居孤儿和事实无人抚养儿童基本生活补贴标准达到1400元。

2. 保持兜底保障政策持续稳定

2022年，蔚县继续保持过渡期内兜底政策持续稳定，脱贫人口低保救助渐退期、农村低保对象收入核算扣减就业成本、城乡居民基本养老保险基础养老金不计入低保家庭、特困人员收入等政策措施全部落实到位。2022年，全县建档立卡脱贫人口中纳入农村低保兜底保障范围22978人，特困供养保障范围2385人，孤儿和事实无人抚养儿童保障范围88人，4956人享受困难残疾人生活补贴，3821人享受重度残疾人护理补贴，对1223人实施了临时救助，实现了"应保尽保、应养尽养、应救尽救、应补尽补"。

3. 落实易返贫致贫人口保障政策

蔚县坚持预警监测与常态化排查工作相结合，对符合低保或特困条件的困难群众主动发现、及时纳入。2022年，全县706户1298名脱贫不稳定户中，纳入农村低保兜底保障范围498人，纳入特困供养保障范围27人，纳入孤儿和事实无人抚养儿童保障范围9人，发放救助金4万元对50人实施临时救助、84人落实重度残疾人护理补贴待遇，120人落实困难残疾人生活补贴待遇。

三、蔚县带动脱贫人口增收致富的典型做法与模式

（一）党建引领七支队伍，全面推进乡村振兴

2021年7月，蔚县出台《关于组建古堡振兴七支队伍的工作方案》，延伸

拓展"蔚县退休老干部扶贫工作队+"的经验做法，会聚493名各类人才创建古堡振兴人才智囊队、产业助力队、科技指导队、金融服务队、文化宣传队、退休干部模范队和生态建设保护队"七支队伍"，以古堡振兴引领乡村全面振兴。截至2023年，七支队伍撬动各类帮扶资金11.99亿元，推动村级集体经济增收3571.95万元，提供就业岗位4156个，公益捐款捐物609.28万元。

1. 成立党建联合体，谋思路定战略

蔚县按照"组织共建、党员共管、人才共育、活动共联、资源共享、难题共解、文化共融、社会共治"原则，吸收乡村振兴局、农业农村局、发改局等相关县直部门党组织，拓展吸纳七支队伍党组织，成立古堡振兴党建联合体。对古堡振兴七支队伍成员为在职党员干部的，依托党建联合体，实行"一岗双责"管理，将古堡振兴工作作为绩效考核和评优评先的重要依据；对古堡振兴七支队伍成员为驻蔚单位的，在县委组织部沟通协调基础上，实行上管单位和属地"双重管理"；对古堡振兴七支队伍成员为社会人士、企业家、柔性引进人才的，本着重在参与、量力而行原则，为古堡振兴提供人力、智力和财力支持。

2. 对接充实力量，集智慧强引领

一是立足于推动产业振兴，由县工商联牵头，组织有关部门、乡镇对接在蔚县投资的企业家、在外成功人士、乡贤等，建立古堡振兴产业助力队。二是立足于推动文化振兴，由县文联牵头，建立古堡振兴文化宣传队，在重点古堡村落开展文艺演出、体育技术指导、健康义诊、楹联书春等各类活动。三是立足于推动生态振兴，由蔚县生态环境局牵头，建立古堡振兴生态建设保护队，做好乡村生态环境建设保护工作。四是立足于推动人才振兴，由县委人才办牵头，对接在蔚县创新创业、柔性引进的各类人才，以24名示范性、带动性强的人才为基础建立古堡振兴人才智囊队。五是立足于推动组织振兴，建立古堡振兴党建联合体，明确了七支队伍成立的临时党组织纳入古堡振兴党建联合体统一管理，形成在村第一书记领导下，各支队伍积极参与的基层组织体系。

3. 建设古堡旅居带，促进农民增收致富

坚持党建和文化的双重标准，兼顾传统文化与现代产业相结合、非遗传承与时尚创意相结合、古堡建筑与红色元素相结合、农家院落与高端民宿相结合、绿色康养与休闲娱乐相结合，打造"古堡振兴示范带"。依托古堡振兴七支队伍，蔚县创新实施"古堡（村）+"旅居产业模式，带动全县民宿、农家乐发展到160家，年收入达4000多万元，直接带动全县60多个村、921户2012人实现增收。

4. 注入了产业活力，繁荣了农村文化

七支队伍把产业发展作为古堡振兴、助农增收的重要任务，推动资金、资源、信息、项目等各类要素向古堡村集聚。特别是村派驻产业书记（主任），累计召开座谈会610余次，帮助127个村厘清了发展思路，制定了产业项目规划，捐赠产业发展资金120余万元。金融服务队开展"银行走基层"活动40余次，涉及18个乡镇、41个村和6家企业，形成产业发展意向16个，授信资金10.28亿元，实际投放资金5.83亿元。

文化宣传队根据各村特点，为每个村培养最少一名讲解员。同时，22个协会深入各村开展文艺指导、惠民演出、助困帮扶等活动40余次，进一步丰富了农村文化生活，激发了群众乡村振兴的内生动力。

（二）打造小米产业聚合体，激活农村发展新动能

蔚县地处三山交会处，属冀西北山间盆地，得天独厚的地理条件造就了蔚县特产——蔚县小米，也称"蔚州黄"，2021年国家知识产权局核定蔚县小米为国家地理标志证明商标。

1. 规模化生产种植

蔚县农村地区人口外流严重，50%以上的青壮年劳动力在外务工。人口外流为土地流转提供了可能，继而为实现小米的规模化生产提供了条件。截

至2023年6月,蔚县小米种植总面积达18.5万亩,其中规模化种植面积8万亩,占比43.2%。截至2023年6月,蔚县从事小米产业的龙头企业5家、家庭农场6家、经营规模在50亩以上的合作社47家。

在规模化经营背景下,新型农业经营主体带动农户发展小米产业,往往面临技术、资金等方面约束,对此蔚县积极做好技术与金融支持。具体来说,一方面,为统一生产种植技术,新型农业经营主体积极承接政府的技能培训项目,组织农户开展相关技能培训,培训内容包括小米抗旱保墒、化肥减施增效等技术。另一方面,蔚县推出以小米产业命名的惠农银行卡——蔚县"小米卡"。符合特色种植的农户,可借助小米卡申请"小米贷"。该专项贷针对特色种植企业最高授信额度300万元,针对个体农户授信额度30万元。

2. 集中化收购加工

在收购环节,新型农业经营主体与农户建构起稳定的利益联结机制。一方面,新型农业经营主体在收购过程中对农户进行让利。具体来说,一些合作社、企业(约36家)在村庄收购小米时,往往会优先收购散户特别是脱贫户的小米,不足部分由种植大户补充。另一方面,新型农业经营主体特别是特大型龙头企业,在基层设置小米收购站点,以进一步降低农户销售成本。2022年,全县小米收购站点约22个,辐射22个乡镇,带动2万多户农户收购小米6万吨,其中带动脱贫户2000户,户均增收3000元。

在加工环节,小米加工还带动了农户务工就业,增加了农户的工资性收入。每个小米加工车间用工5~15人,其中50%以上是季节性用工,工人多采用计件工资,每天120~150元,固定用工数量相对较少,工资按月结算,平均每月1500~3000元。在雇工方面,企业、合作社等新型农业经营主体优先聘用具有正常劳动能力的脱贫户,对促进这部分群体的增收起到了重要作用。

3. 品牌化策略营销

作为小米产业高质量发展的重要抓手,品牌发展离不开商标、地理标志等全方位支撑。在品牌化建设方面,目前蔚县注册的小米商标有金龙鱼、爱心桃花、蔚贡、蔚川玉杏岭、翠屏金谷、景蔚五谷香、蔚萝久久香以及绿蔚等30多项。

在营销方面，随着网络电商的兴盛，蔚县小米也积极搭上网络快车，香飘四海。以益农信息社为阵地，蔚县大力推进农产品与电商平台接轨，支持在京东、淘宝、阿里巴巴等网站开设以小米为主的蔚县特色农产品商品馆。开展消费帮扶，认证消费帮扶产品，积极推进农副产品入驻"832"等消费平台。截至2023年6月，小米领域的电商从业主体数量102个，消费帮扶产品认证19种，电商平台上架商品19种。

（三）建构利益联结机制，以老兵引领产业发展

2021年，蔚县吕家庄村打造老兵支部，村党支部书记为兵支书，支部委员全部由退役军人担任，形成特色鲜明的老兵支部模式，不仅促进了村庄公共治理，也通过构建稳定的利益联结机制，带动了村庄蔬菜大棚产业的集体化发展。

1.产前引领带动

2013年，吕家庄村扶贫项目资金共61.6万元，帮助176户脱贫户建春秋棚88个。2015年，吕家庄村扶贫项目资金共5.6万元，帮助14户脱贫户建春秋棚8个。吕家庄村大棚产业发展之初，由农户分散化经营，农户的大棚蔬菜种植技术水平低。其销售渠道以附近小商贩为主，蔬菜收购价格不稳定，无法稳定带动农户增收。

为解决这一问题，吕家庄村组织农户集体化发展大棚产业。2021年，由村党支部书记牵头，召集4名村党支部委员，创建蔚县戎盛种植专业合作社（以下简称合作社），带领村民发展大棚产业。吕家庄村的蔬菜大棚有三种经营方式，第一种是农户自己经营，合作社提供种苗、化肥代购服务以及技术服务。第二种是合作社统一提供种苗、化肥以及技术服务，统一销售农产品；农户投入劳动力，负责蔬菜大棚的日常管理，农户与合作社按照净收益

二八分成。第三种是大棚完全由合作社管理,合作社提供种苗、肥料、劳动力以及技术服务,蔬菜成熟后合作社集中统一销售,每年给农户棚租约1200元/棚。

2. 产中提供服务

在大棚蔬菜种植过程中,合作社为农户提供两种类型的技术服务。第一种是合作社承接政府的技术培训服务,合作社对接县农业农村局在宋家庄镇举办的蔬菜大棚种植技术培训班,主要教授农户施肥技术、病虫害管理。第二种是合作社外聘技术员服务,技术员工资为1.2万元/月,主要职责是指导农户及时解决蔬菜生产种植中的各种技术问题,提醒农户及时推进蔬菜大棚种植各项环节。

为保证农产品质量,降低大棚蔬菜种植成本,合作社对接农资生产商统一为农户提供生产资料。一方面,合作社为农户统一提供种苗。合作社将种苗出售给农户,每株收益约0.3元,每株价格比市场价低0.2元,农户每个棚的种苗购置费能节省约400元。另一方面,合作社还为农户统一代购化肥。合作社统一采购化肥,不仅质量有保障,每袋价格也比市场价低5元左右,每个棚的化肥购置费能节省约75元。

3. 产后集中销售

合作社通过以下两种方式统一销售大棚蔬菜,一是与客户签订单。每年7月,合作社与客户签署订单,客户以2元/斤的价格收购大棚蔬菜。合作社有4个长期合作的客户,大部分蔬菜能够通过与客户签订单的方式进行出售。二是组织农产品现场收购。合作社以现场定价方式销售蔬菜,按市场价与商贩商议蔬菜价格,经多家对比后将蔬菜销售给出价高的商贩。

四、蔚县脱贫人口持续增收面临的突出问题分析

由于不同来源收入的提升空间和带动增收的动力存在差异,收入结构可

以直观反映脱贫人口持续增收面临的困境。本章基于蔚县脱贫人口收入结构特点，进一步剖析脱贫人口持续增收面临的关键挑战及原因。

（一）资产价值实现困难，财产性增收不足

一方面，蔚县脱贫人口人均财产性收入2020年为537.66元、2021年为476元、2022年的620元，脱贫人口人均财产性收入增速2021年为-11.47%，2022年为30.25%；另一方面，脱贫人口的财产性收入在人均纯收入中的占比徘徊在5%左右，与其他三项收入相比，财产性收入对蔚县脱贫（贫困）人口收入的贡献度始终处于最低水平。

第一，蔚县农业产业结构单一、商品化程度较低，脱贫人口的土地等资产要素进入市场的价值转换能力较弱。2022年，蔚县农民人均耕地面积为3亩，土地流转价格每亩300~500元，脱贫人口因年龄、疾病等原因无法有效从事生产经营时，土地资源通过流转实现增值的空间较为有限。

第二，蔚县村集体自主经营能力较弱，经济收入渠道单一。2022年，蔚县546个行政村集体总收入为15177.04万元，其中村集体资产资源发包租赁收入2722.29万元、财政扶持资金的投资分红收益7615.83万元，两者占全县村集体经济收入的68.12%；而村集体经营性收入为1628.7万元，仅占全县村集体经济收入的10.7%。蔚县村集体的自主经营能力较弱，村集体经济后续增长乏力，难以与农户尤其是脱贫户在生产经营上建立起紧密的利益联结机制。

第三，蔚县农村集体资产及其价值被低估，部分集体经济薄弱村形成的根源在集体经济组织主体功能不完善甚至缺失，集体资产在不规范的开发运营和无效监管的过程中流失。特别是蔚县南部山区的一些村庄，大量属于村集体的荒山荒坡，以明显低于市场价的发包价格被长期承包出去。

（二）农业产业韧性较弱，经营性增收不易

作为蔚县脱贫人口收入的第三大来源，经营性收入对脱贫人口收入的

贡献度不高，2020年、2021年、2022年经营性收入占人均纯收入比重分别为14.89%、15.71%、16.45%，经营性增收潜力难以有效释放。

第一，农业主导产业的生产种植易受自然天气影响，体现为：蔚县小米主要在旱田种植，无法进行机井灌溉浇水，使得小米的生产种植主要"靠天吃饭"，干旱年份容易造成小米减产；蔚县杏果种植易受春季寒潮影响，处于"种三年收一年"的困境，如2023年4月中下旬发生的寒潮，严重影响处于盛花期的杏树生长，造成杏果产量减产60%以上。农业生产受天气影响较大，使得脱贫人口的农业生计脆弱性水平较高，容易造成经营性收入的不稳定。

第二，农业主导产业多停留在种植收益环节和农产品初级加工环节，产业附加值不高。例如，小米产业的加工主要停留在小米去壳、筛选和包装方面，杏果产业主要停留在杏扁和杏干的粗加工方面，两大产业均没有往"高精深"加工方向进行产业链的延伸与拓展。产业链条短，农产品附加值不高，使得新型农业经营主体（如龙头企业、农业合作社等）带动脱贫户增收特别是稳定增收的能力有限。

第三，衔接资金支持的产业帮扶项目难以有效提升脱贫户的经营性收入。一方面，衔接资金没有支持到村到户发展产业。2022年，蔚县使用中央、省、市、县四级衔接资金安排项目共39616.53万元，其中用于13个产业项目的衔接资金为23257.55万元，占比为58.7%。上述13个产业项目建成并确权到村后，主要通过县级平台公司租赁或县直行业部门委托经营方式，与公司企业合作运营，年底则以5%的收益资金分配到村，其中60%用于公益性岗位工资支出和奖励补助，40%用于村庄小型公益事业。蔚县用于产业发展的衔接资金主要支持13个产业项目，但是这种简单入股分红的方式，无法保障到村到户的资金需求，无法落实精准帮扶要求来带动脱贫户的发展增收。不仅如此，用于产业发展的衔接资金支持的产业项目建设周期太长，项目收益难以有效预期。截至2023年6月，关于2022年发展的13个产业项目，有10个产业项目处于"尚未完工状态"，3个产业项目处于"尚未移交状态"。

（三）务工就业质量偏低，工资性增收有限

2022年，工资性收入对蔚县脱贫人口收入的贡献最大，达49.42%，但其增速较2021年下降了11.66个百分点。外出务工已然成为蔚县脱贫人口致富增收的重要渠道，但脱贫人口持续增收依然面临如下问题。

第一，受"男主外、女主内"传统思想观念的影响，蔚县脱贫人口外出务工以男性为主，大量农村妇女留守在家造成了劳动力资源的闲置浪费。例如，2022年，蔚县有正常劳动能力的脱贫人口（含监测对象）共计30821人，实现务工就业的有20914人，占比仅为67.86%，其中县内灵活就业3776人、县外市内就业9148人、市外省内就业915人、省外就业7075人。在省外就业的7075人中，男性、女性脱贫劳动力分别为5035人、2040人，分别占比71.17%、28.83%。而且，蔚县脱贫人口零散外出务工，主要从事保安、保洁、建筑等低技术门槛的工作。这些工作工资水平低、增长速度慢，且缺乏必要的福利保障，进一步限制了脱贫人口增收能力的持续提升。

第二，公益性岗位存在"覆盖面小且工资标准较低"问题。2022年，蔚县脱贫人口中弱劳动力、半劳动力共有27607人，其中11566人承担公益性岗位，占比为41.89%。2022年，蔚县公益岗工资支出共计3356万元，人均月工资为241.80元。

第三，脱贫人口就业技能培训存在"有效无用"问题。2022年，蔚县针对脱贫人口共开展了23期744人的就业技能培训，其中保健按摩师82人、护理员37人、家政服务员125人、母婴护理师20人、养老护理员372人、中式面点师108人。接受技能培训的脱贫人口虽然都取得了相关技能认证证书，但实际稳定就业率较低，仅有278人（37.37%）务工3个月以上。

第四，易地搬迁社区缺乏有效的产业支撑配套。2022年，蔚县共有16个易地搬迁社区，搬迁人口数共13496人，其中7432人（含脱贫劳动力3324人）

有劳动能力。然而，16个社区共有2695名搬迁群众实现就业，仅占具备劳动能力搬迁群众总量的36.26%，其中县内灵活就业2047人、县外市内就业119人、省外务工就业529人，大量有劳动能力的搬迁群众尚未实现有效的务工就业。而且，16个易地搬迁社区共配套22个产业园区，其中8个是新配建的产业园区，14个是原有依托的产业园区。然而，无论是新配建的产业园区，还是原有依托的产业园区项目，吸纳搬迁群众进行务工就业的能力均较低。22个产业园区（项目）共吸纳290名搬迁群众就业，仅占具备劳动能力搬迁群众总量的3.90%，且全部为季节性用工（除草、施肥、打药等），年人均收入在8500元左右，甚至有8个产业园区（2个新配建、6个原有依托）无搬迁群众务工就业。

（四）政策支持倾向转变，转移性增收乏力

转移性收入虽是蔚县脱贫人口的第二大来源性收入，但转移性收入在脱贫人口收入结构中占比呈下降趋势，2020年、2021年、2022年脱贫人口转移性收入在收入结构中的占比分别为34.34%、30.82%、27.86%；进入衔接期以后，脱贫人口转移性收入增长速度极为缓慢，转移性收入增速从2020年的19.78%下降至2021年的3.53%，再降至2022年的1.06%，分别远低于蔚县脱贫人口2021年15.23%、2022年11.81%的人均纯收入增速。

第一，脱贫人口低保兜底保障的支持力度有所减弱。与2020年相比，2021年蔚县脱贫人口人均低保兜底保障金额为3625.76元，减少了665.05元。虽然2022年脱贫人口人均低保兜底保障金额与2021年相比增加了283.31元，达到3909.07元，但这主要是2022年脱贫人口中低保人口数量减少所致。

第二，脱贫人口特困供养兜底保障的支持力度有所减弱。与2020年相比，蔚县2021年脱贫人口人均特困供养兜底保障金额为6126.56元，减少了701.28元。虽然2022年脱贫人口人均特困供养兜底保障金额与2021年相比增加了237.56元，达到6364.12元，但仍然比2020年脱贫人口人均特困供养兜底保障

金额低463.72元。

五、进一步促进蔚县脱贫人口收入持续增长的对策建议

为解决蔚县脱贫人口持续增收面临的上述问题，需要有针对性地采取以下四个方面对策。

(一)以资产盘活为抓手,挖掘财产性增收潜力

一是通过大力发展特色产业、延伸产业链条来培强产业，提升土地流转的价格。采取多种方式进一步放活土地经营权，大力推广出租、抵押、入股、托管等有效模式，增加农户特别是脱贫人口的土地租金和分红收益。二是开展清理农村集体经济合同、规范农村"三资"管理等专项治理行动。探索荒山坡地市场化路径，推动集体成员以资金、资源、资产折股量化的方式享受集体经济发展收益。三是提升村集体自主开展经营活动的能力。通过对撂荒、抛荒、闲置等土地资源的平整治理，村集体开展自主经营；通过盘活利用集体建设用地以及农民闲置宅基地和房屋，发展符合蔚县特点的乡村产业项目，增加村集体经营性收入。

(二)夯实农业发展基础,提高经营性增收效率

一是依托特色优势产业，增加技术投入和新品种推广。同时针对蔚县重点培育的特色农业主导产业，设置农业自然灾害保险，建构合理的农户、政府、商业银行风险共担机制，减少因自然灾害对脱贫户经营性增收造成的不利影响。二是聚焦农业主导产业延伸产业链条，通过招商引资吸引龙头企业落户蔚县，同时培育引导本地龙头企业，推动农产品加工往"高精深"方向发展，使农户（特别是脱贫户）从产业链延伸中获益。三是加强规划引领，科学

合理设置产业帮扶项目，确保产业帮扶项目按照预期建成并顺利运作，切实发挥产业帮扶项目带动脱贫人口脱贫发展的作用。四是开展产业到户促增收行动，确保有产业发展需求的脱贫人口得到有效帮扶。

（三）聚焦就业提质目标，拓宽工资性收入增收空间

一是大力宣传破除传统观念对农户外出务工的思想束缚，建立健全农村公共服务体系（如养老、托幼等），解除脱贫人口外出务工的后顾之忧。二是大力开发公益性岗位，推动实现公益性岗位的扩面提标，优先吸纳脱贫劳动力中的弱劳力和半劳力实现务工就业。三是扶持壮大帮扶车间力量，提高帮扶车间吸纳脱贫劳动力务工就业能力，对符合申请条件的帮扶车间进行积极认定，及时落实相关帮扶车间的帮扶政策，推动农村富余脱贫劳动力（特别是留守妇女）实现就地就近就业。四是开展订单式劳动职业技能培训，提高脱贫人口外出务工就业能力。依托蔚县驻北京企业商会、天津流动党委等定点服务平台，积极与用工企业开展劳务对接，定向为企业输送劳动力，打造蔚县劳务输出品牌，推动脱贫劳动力在省内外实现高质量就业。五是做好易地扶贫搬迁后续的产业培育，为区域化农旅融合道路做准备，推动易地扶贫搬迁后续工作与推进新型城镇化、乡村振兴战略有机衔接，使搬迁群众能够安居乐业。

（四）以兜底保障为依托，夯实转移性增收基础

一是加大兜底保障扩围增效的工作力度。提高农村低保、特困人员救助供养标准，加大救助资金特别是县级财政资金的支持力度，提高低保兜底保障覆盖面。二是鼓励具备就业能力的低保家庭成员积极就业，对就业后家庭人均收入超过当地低保标准的低保家庭，低保渐退期可由3个月延长至6个月，确保低保户特别是低保户中的脱贫户能够稳定实现脱贫发展。三是进一步加强急难临时救助。健全完善"救急难"工作主动发现机制，对于最低生活保障家

庭、特困救助供养人员、低保边缘家庭、监测对象以及孤儿、事实无人抚养儿童等，可不再进行家庭收入和财产状况调查，直接给予临时救助，保障低收入群体的生活。

执笔人：杨永伟　陆汉文

第六章 | 构建低收入农民常态化 帮扶机制：横峰案例

做好农村低收入人口常态化帮扶，是巩固拓展脱贫攻坚成果的重点，也是实现同乡村振兴有效衔接的基石，更加关乎现代化建设和共同富裕目标的进程。为深入贯彻落实党的二十大精神，落实习近平总书记有关巩固拓展脱贫攻坚成果的重要指示，2023年6—7月，北京市农村经济研究中心课题组赴江西横峰开展了蹲点调研，在组织部门座谈、乡镇考察、园区考察、入户访谈、专家研讨的多形式调研基础上，结合县域经济发展特点和乡村发展、乡村建设、乡村治理的基础情况，将横峰县脱贫人口和脱贫不稳定户、边缘易致贫户、突发严重困难户三类监测对象作为低收入农民研究对象，深入开展了横峰县低收入农民常态化帮扶调查研究，总结低收入农民常态化帮扶的成效，提炼发展模式，分析未来发展所面临的困难和挑战，提出针对性的政策建议，为推动巩固拓展脱贫攻坚成果同乡村振兴有效衔接、全面推进乡村振兴，推动共同富裕和中国式现代化提供决策参考。

一、横峰县低收入农民增收成效

横峰县总面积655平方千米，辖11个乡镇（街道、场、办），63个行政村、8个居委会，总人口22万人，其中城镇户籍人口约10万人，农业户籍人口约12万人。2021年，横峰县户籍人口城镇化率约45%，低于全国人口城镇化率64.72%；生产总值首次突破百亿元大关，达100.8亿元，人均生产总值达到54270元；三产比为5.38：53.57：41.05。

横峰县于2018年6月完成全面脱贫，脱贫后的低收入农民在常态化帮扶机制下持续增收效果显著。2019年横峰县低收入农民的人均可支配收入为11703.61元，2020年为13438.02元，2021年为15509元，2022年为17356元。总体上看，横峰县低收入农民自2019年以来，人均可支配收入逐年递增，2020年、2021年、2022年的增长速度分别为14.82%、15.41%、11.91%，均高于同年度横峰县农村居民人均可支配收入的增长速度9.25%、12.42%、10.06%。上述数据表明，横峰县脱贫攻坚以来低收入农民帮扶工作扎实有效、成绩显著，但从增长速度的变化来看，低收入农民收入持续增长的机制仍需巩固。

从收入来源来看，2021年横峰县低收入农民人均工资性收入为10984.52元，人均生产经营性收入为1440.91元，人均转移性收入为3021.05元，人均财产性收入为177.28元，分别占2021年人均可支配收入的70.31%、9.22%、19.34%、1.13%。2022年人均工资性收入为12181.79元，人均生产经营性收入为1756.03元，人均转移性收入为3238.90元，人均财产性收入为179.57元，分别占2022年人均可支配收入的70.19%、10.12%、18.66%、1.03%。可见，低收入农民的收入来源首先为工资性收入，其次是转移性收入，再次是生产经营性收入，最后是财产性收入。

从收入结构变化趋势上看，工资性收入增长最为明显，2022年较2021年增长1197.27元，其次是生产经营性收入，财产性收入变动最小。可见横峰县低收入农民常态化帮扶中就业帮扶机制效果突出，产业帮扶机制正在显现，加大农村改革力度、赋予农民更加充分的财产权益来带动财产性收入增长的空间有待拓展提升。

二、横峰县低收入农民常态化帮扶的主要模式

（一）"四个载体"和"四项保障"促进就业帮扶模式

横峰县积极打造村内公益性岗位打底、街头巷尾扶贫车间补充、工业园区企业用工引领、自主创业全力扶持互为支撑的"四个载体"，落实村内公益性岗位有村集体经济保障、扶贫车间有用地和就业补贴保障、园区企业有送岗上门保障、自主创业有启动资金保障"四项保障"，推动农村劳动力实现全方位就业。

"四个载体"拓展低收入群体就业空间和渠道。村内公益性岗位紧密结合乡村建设工作，离家门口最近，劳动强度低，就业门槛低，发挥托底就业作用，全县共有公益性岗位1939个，村均30个，全部面向脱贫户和监测对象。扶贫车间将农产品初加工、来料加工等适合分散的加工生产建到乡村，一方面解决低收入群体就地就近就业，另一方面解决企业用工需求，降低用工成本，形成互促互进，良性循环的效果，全县共认定帮扶车间33个，吸纳劳动力1170人，其中：吸纳脱贫劳动力和监测对象劳动力451人，占比38.5%。工业园区结合"物流兴县"战略，以发展物流园区的形式，吸纳本地劳动力就业，特别是帮扶低收入农民实现就业率的提升。园区企业职工基本上实现社保全覆盖，职工平均月收入5000元左右，略高于周边县（市）园区的平均工资水平。对于掌握相关技能、自主发展意愿强烈的脱贫户，可以选择自主创业的方式就业增收，与前三项就业形式形成互补，结合县域电商产业发展，横峰县积极开展电商人才培养，2022年开展26个班次的线上线下创业电商培训，培训脱贫户165人。

"四项保障"为低收入农民稳定就业提供保障。村内公益性岗位工资由村集体发放，村集体得益于光伏产业长期稳定的收益，补充扶贫产业带来的经营收益，进而实现对低收入农户的常态化帮扶。帮扶车间作为吸纳脱贫人

口、监测对象就业的主要抓手，政府通过对符合条件的扶贫车间提供就业补贴，帮助扶贫车间落地乡村、吸纳就业。园区企业招聘信息送岗上门，专车组织脱贫户进企业参观，招聘单位当面介绍岗位情况，促成就业意向，脱贫户送岗上户全覆盖。为鼓励自主创业，带动就业，对于自主创业脱贫人员，政府发放一次性创业补贴5000元，脱贫户申请信用担保贷款可享受政府贴息贷款，自主创业脱贫户有了启动资金，创业门槛降低，激发其干事创业的内生动力。

（二）以现代种业为核心带动产业帮扶模式

横峰县依托本土农业产业化龙头企业，全力发展以现代种业为核心的现代农业，以产业助力扶贫，带动农民脱贫致富。在农业产业化国家重点龙头企业兴安种业的带领下，以农民专业合作社为纽带、农户种植为基础，建立"公司+新型农业经营主体+种植户"模式，形成集生产、加工、服务于一体的种业经营组织联盟，打造一体化的全产业链体系。

龙头带动，科技支撑，引领带动制种品类提标扩面。龙头企业兴安种业坚定走产学研合作道路，积极与中国水稻研究所、国家植物航天育种工程技术研究中心等科研机构开展长期战略合作，建立起完善的科研育种及新品种测试示范体系，推进横峰县制种产业向优质化、高端化迈进，初步形成了以水稻育种为龙头，带动油菜、葛根、甘薯等"1+8"种业发展格局。

农民主体，紧密合作，社会化服务衔接起小农户与现代农业发展。龙头企业充分发挥自身技术、品种和市场优势，通过为农户代垫生产成本，提供免费培训，签订收购合同等全方位社会化服务，切实解除农户缺技术、缺资金、缺市场的后顾之忧，也有助于小农户实现标准化生产。在合作经营形式上，通过"公司+农户""公司+农民合作社+农户""流转土地+返聘农民"等多种组织形式，联农带农6000余户，制种户年增收7000余万元。

完善机制，加大保障，政策支持强化产业落地基础和信心。出台《发展水稻制种产业发展实施意见》《横峰县2022年水稻制种产业发展实施意见》

等，加强组织领导、落实政策和技术扶持措施，对连片制种基地给予现金补助、农资补贴、农机补助等专门支持。2023年，全县发展制种产业达4.2万亩。

制种为基，三产融合，延伸农业产业链条。完善与制种产业规模相适应的烘干车间、育秧工厂、种子清选加工等配套设施，加快制种产业全程机械化进程，组建县级综合农事服务中心，形成烘干、精选、仓储、分装、物流一体化的服务基地，实现运输成本和劳动力成本的降低。实行"种业+米业"的发展模式，聚焦优质水稻品种选育、种植、加工、销售及品牌建设，实现标准化种植、订单化生产、规模化经营，实现从品种研发到餐桌食用的全产业链生产和一二三产业融合发展。

（三）"宝石花开、创新模式"的中石油定点帮扶模式

中国石油集团从2011年开始定点帮扶横峰县，聚焦民生、产业、教育、医疗、党建、消费扶贫等领域开展扶贫定点帮扶工作，累计援建各类资金达1亿余元。在消费帮扶、金融助力方面通过建立"横有峰味"、设立"宝石花开，横峰绽放"慈善信托，形成了中石油定点帮扶的创新模式。

1. 挖掘产品、培育"横有峰味"品牌，助推农产品产销对接

一是提高产品质量，形成品牌优势。创建农产品公共品牌"横有峰味"，以推广使用公共品牌为契机，一方面助力农产品品牌升级、效益提升，另一方面整合全县农产品，形成规模优势。与中国农科院、江西中医药大学等科研院所合作，进一步健全横峰县农产品质量标准体系和质量可追溯体系，提升"横有峰味"档次和价格水平。"横有峰味"农产品区域公用品牌汇聚了14家农产品企业，有葛粉、葛饮料、山茶油、富硒红薯、柚子、大米等40多个农产品代售权。二是加强平台搭建，提高农产品销量。充分运用线上线下渠道，借助中国石油公司累计销售横峰县农产品3000余万元，兴安种业大米、葛粉等一系列农产品进入中石油便利超市店。线上在"中石油"电商平台合作进行直播销售，曾直播2小时，销售额就超过20万元。三是主动推介，改"坐商"为"行

商"，前往成都、杭州、宁波、广州、重庆等地开展红色培训和农产品消费帮扶推荐活动。

2. 设立慈善信托，实现扶贫扶智

发挥金融信托优势，创新帮扶模式，坚持"授人以渔"的理念，中国石油集团引入最新的慈善公益事业制度工具和框架，从思维模式、慈善方式和金融服务上进行帮扶。一是设立"宝石花开，横峰绽放"乡村振兴慈善信托。由横峰县慈善总会担任委托人，昆仑信托担任受托人，中国工商银行江西分行担任保管人，信托规模达到200万元。信托财产用于助力横峰县乡村振兴，解决学生读书难、住宿难、运动难的问题，缩小城乡教育差距，进一步打造体育、艺术特色教育等其他符合慈善法规定的公益活动。二是慈善信托动员多方资源参与帮扶事业。中国石油集团借助慈善信托搭建公益平台，动员集团内部企业及员工个人、横峰县爱心人士和企业、港边乡能人和校友等，通过"互联网筹款+慈善信托"的模式，发起"港边小学宝石花助学慈善信托"，将每年获得的收益及部分本金用于向学生发放奖学金，打造永续型迷你"诺贝尔奖"，该项目将奖励创新发明、学业有成、才艺出众、嘉言善行、奋发有为等方面的优秀学子，鼓励更多社会力量关心乡村留守儿童身心健康和能力发展。

三、横峰县低收入农民常态化帮扶面临的困难和挑战

(一) 常态化帮扶的体制机制有待完善

没有明确低收入农民概念边界与认定标准。《中共中央关于制定国民经济和社会发展第十四个五年规划和二〇三五年远景目标的建议》明确提出，要"建立农村低收入人口和欠发达地区帮扶机制"。随着脱贫攻坚任务完成、绝对贫困的消除，农村低收入人口、低收入农民帮扶任务突出。在学术研究中，通常按照收入或支出划线，将居民收入（支出）中位数或均值的一定比例

作为低收入的标准；但在帮扶性的政策文件中针对农村低收入人口或低收入农民的概念边界与标准要求并不清晰，甚至找不到明确的范围依据；只有社会保障系统因工作需要明确有按照社保标准界定的低收入人口，如低保对象、脱贫享受政策人口、残疾人等需要社会救助的群体。

常态化帮扶举措的精准性有待进一步提升。横峰县仅仅对脱贫不稳定户、边缘易致贫户和突发严重困难户三类监测对象有监测识别和托底保障工作，对脱贫人口没有单独帮扶政策，都是采取区域大统一式帮扶。而由于地理位置、经济水平、家庭结构、知识文化等差异，不同乡镇的脱贫人口收入水平有明显差异，扶持方式也应因人而异。

（二）常态化帮扶的政策有待优化

政策资金配套要求与基层财政能力不匹配。按照县级衔接推进乡村振兴补助资金的配套要求，县本级预算安排需大于等于上年度资金投入，不得降低。横峰县2019年、2020年、2021年、2022年县级配套资金分别为800万元、872万元、900万元、950万元，每年递增。此要求对于经济欠发达地区而言，财政配套压力较大。

脱贫人口创业贷款政策扶持有待完善。仍然存在脱贫人口创业贷款政策落地难问题，部分有创业意愿的脱贫人口，因其找不到担保人或抵押物而无法享受创业贷款政策扶持，受制于资金问题无法实现自行创业。

乡村三产融合性项目用地保障不足。横峰县城乡建设用地指标有限，在实施工业强县目标指引下，存在城乡工农建设用地结构性矛盾，乡村三产融合性项目用地保障不足，关于建立城乡统一建设用地市场的体制机制有待完善，在允许农村集体经营性建设用地出让、租赁、入股，实行与国有土地同等入市、同权同价方面力度不足。

市场化帮扶主体发育不充分。考虑到帮扶资金管理使用的安全性和绩效考核要求，以及客观上本地乡村产业市场主体发育不足等原因，当地政府仍是产业帮扶主体，这种常态化帮扶方式在一定程度上存在保守有余、创新不足的困境，急需培育市场化帮扶带动主体。课题组在调研横峰县扶贫开发有限公司时发现，该公司隶属县国有资产管理办公室的国有公司，虽承担全县有效衔接产业开发，但客观上存在经营能力不强、产业效益不高、科技投入不足、缺乏人才等瓶颈，对低收入农户的帮扶作用还未充分发挥。

（三）常态化帮扶的路径有待拓宽

帮扶产业多集中在一产，且发展质量不高。脱贫攻坚时期支持发展起来的部分农业产业存在产业链条短、比较优势不足的问题。一方面，农业帮扶产业培育时间长、增效慢、抗风险能力差。横峰县扶贫开发有限公司的大部分马家柚种植基地由于受自然灾害影响，增效慢，对帮扶还没有发挥效益。另一方面，农产品尚未形成品牌效应。横峰县主导产业马家柚等农产品，缺乏集约化、组织化管理，没有形成自己的品牌优势，产业发展质量和带动能力有待提升。

帮扶产业发展存在"断链"现象。横峰县电商园区、物流园区的成立，为发展农产品电商物流产业奠定了坚实基础，但园区对乡村产业发展带动不足，联农带农有效机制不完善，创新不够。电商和物流园区处于产业链的后端，而横峰县的农业产业发展多集中在农业产业链最前端，缺乏中间的冷链、加工等环节，如"葛小叔"当地品牌旗下多款产品利用当地葛根制成，但加工在外省，农产品附加值未被当地农户和企业享有，同时也未能充分享受电商园区和物流园区的发展红利。

帮扶产业对于乡村三产融合业态渗透不够。横峰县帮扶产业没有有效利用好宅改的成果，综合开发利用好腾退的土地发展乡村新产业新业态，对乡村资源利用不足，多停留在光伏发电、传统农业等领域，对于乡村三产融合业态渗透不够。总体来看，横峰县乡村三产融合产业发展仍处于起步阶段，三产融合业态不丰富、消费场景量少质低、农业多功能性开发不够，没有把四省通衢的交通优势、风景名胜环抱的旅游优势、沪浙闽的市场辐射优势充分利用起来,乡村的绿水青山变成金山银山的渠道机制尚未打通。

四、横峰县优化提升低收入农民常态化帮扶措施的对策建议

(一)明确低收入农民概念边界与认定标准,完善低收入农民识别监测机制

一是划定低收入农民标准线。国家应从宏观层面上确定低收入农民的标准和做好常态化帮扶工作的顶层设计。地方则依据当地经济社会发展水平做好低收入农民标准线的划定,并根据当年情况进行动态调整,同时制定常态化帮扶长远规划及制订相应的工作计划。

二是厘清低收入人群与低收入农民的区别。本研究所指的低收入农民为乡村振兴局口径的脱贫人口和脱贫不稳定户、边缘易致贫户、突发严重困难户三类监测对象。而低收入人群涉及范围较广、覆盖城乡,包含低保对象、特困人员、低保边缘家庭、支出型困难家庭四类人群。这三类监测对象与四类人群不完全重合,当巩固拓展脱贫攻坚成果同乡村振兴有效衔接任务完成后,按照城乡融合发展的思路,应考虑将两类政策衔接合并,作为城乡低收入人群来进行保障托底。

三是完善低收入农民识别、监测机制。在明确低收入农民概念边界与认定标准的基础上,完善目前使用的大数据推送、基层政府核实、自主申报等工作方式,建立精准识别、动态调整的识别机制。

(二)强化体系建设,完善常态化综合帮扶机制

一是加强帮扶主体协同。首先,明确党政机关是帮扶的领导力量,形成

党政引领、市场助力、社会参与、农民主体的帮扶网络。其次，要注重发挥市场主体作用，强化以市场主体为载体的帮扶协作，让有能力的企业承担更多责任。再次，形成社会广泛参与的格局，通过社会组织开展社区救助、捐款捐物等帮扶服务。最后，重点发挥低收入农民的主观能动性，提升自身能力，积极参与帮扶项目，在被帮扶中提升工作能力、增强创业本领，形成自我造血的良性循环。

二是明确职责分工。在推进常态化帮扶过程中，要明晰各帮扶主体的权利义务。第一，地方政府要简政放权。减少不必要的审批环节，激发基层自主性与积极性。第二，要为社会组织放权。加大政府购买社会救助服务的力度，赋予社会组织更多权利和自由度。第三，要设置帮扶准入的负面清单。划定帮扶主体的活动范围，明确哪些领域可以帮扶、哪些领域不可进入。第四，要鼓励低收入农民自助互助。鼓励发挥主体作用，主动学习知识技能，找出能增收致富的渠道。

三是建立评估反馈机制。同脱贫攻坚时期相比，常态化帮扶涉及的主体、利益更为复杂，若没有科学的评估机制，易出现基层腐败、低收入农民与帮扶主体产生矛盾等问题。基于此，要建立质量评估体系，对不同主体帮扶绩效进行评估，同时鼓励全社会参与监督。

（三）优化调整政策，高效推动常态化帮扶

一是因地制宜做好产业振兴政策优化调整。要保障资金、人才、技术等要素投入，合理确定衔接推进乡村振兴补助资金和涉农整合资金用于产业发展比重、县级配套比例，必要时需要配套相关的低息贷款政策和政府担保政策，确保欠发达地区能够拿出配套资金，推动项目落地。推进脱贫地区特色产业接续发展或转型升级，增强市场竞争力、抗风险能力，必须健全产业精准帮扶机制，摒弃"撒胡椒面""为资金而包装项目"等粗放低效、不可持续的帮扶方式。

二是改进创业担保贷款优惠政策。拓宽抵押物范围，一户一策精准落实政策，也可以动员社会力量，实施"一企一创"，县域内龙头企业拿出资金帮扶那些有创业意愿又无法贷款的脱贫户，帮助更多的脱贫户及监测对象自主创业、稳定就业。

三是出台帮扶人才引进培育政策。把人才作为"第一资源"，从完善机制、搭建平台、聚焦需求、优化环境四个层面出台相应的政策，强化人才引进举措，为推进常态化帮扶、助力乡村振兴提供人才支撑。

四是完善乡村发展用地政策。在乡村三产融合发展中，用地是瓶颈制约之一。应通过科学编制国土空间规划、优化农村产业用地布局、拓宽农村集体建设用地使用途径等方式来切实保障三产融合发展用地。如浙江省明确要求，乡镇每年必须安排不低于年度新增建设用地计划指标的5%用于农村产业及配套设施建设用地，并创新出台了"标准地"政策，确保指标落地落实。

五是出台信用参保政策。让外出打工等有困难的脱贫户先参保后交材料，同时增加电子申请审批流程，远程申请，节省时间和人力。

执笔人：刘　雯　赵术帆　李梦华　胡梦源　李　婧

第七章 | 健全脱贫地区农民 增收机制：凌云案例

2020年，全国832个贫困县全部摘帽，12.8万个贫困村全部出列，接近1亿的贫困人口脱贫，全面消除绝对贫困，实现了人类减贫史上的伟大壮举。打赢脱贫攻坚战之后，巩固拓展脱贫攻坚成果、不发生规模性返贫，是党中央时刻关心的大事。基于对广西凌云的调研，本章分析了当地拓宽农民增收渠道方式方法，剖析了脱贫地区促进农民持续增收存在的突出问题，并提出了相应的政策建议。

一、凌云县农业农村经济发展状况

凌云县位于广西壮族自治区西北部，地处云贵高原延伸带。县境总面积2053平方千米，辖4个镇、4个瑶族乡，105个行政村、5个社区，总人口22.9万人，居住着汉、壮、瑶3个民族，分别占总人口的45%、33%、22%。全县群山起伏，地貌由土山和石灰岩喀斯特山地两大类型构成。

(一)粮食等重要农产品生产保持良好态势

粮食播种面积稳定。2022年粮食播种面积21.46万亩，总产量5.66万吨。全年共推广大豆玉米带状复合种植4065.98亩，示范推广超级稻2.3万亩，平均亩产551.2千克。蔬菜、畜牧业稳步发展。

特色产业优势凸显。茶叶产业支柱性特点明显。凌云白毫茶一直是全县农业支柱产业，也是全县"十三五"脱贫攻坚"5+2"特色扶贫产业的主要产业。2022年茶园11.2万亩，干茶产量7836吨，同比增长11.15%，产值68252万元，同比增长10%。茶叶种植覆盖全县6个乡镇、45个行政村，茶农户11260户50428人。油茶、蚕桑、八角、水果等生产快速发展，成为凌云县脱贫地区农民增收的重要来源。

（二）新型经营主体蓬勃发展

近年来，凌云县实施"万企兴万村"行动，把"发展专业农场，促进土地流转，推进城镇化"作为创新经营体制、深化农村改革的全局性、战略性工作，有力推进了生产经营的规模化、机械化、集约化和农业现代化，充分促进了新型经营主体发育。截至2023年6月，全县工商注册登记农民专业合作社418家，其中，认定国家级示范合作社1家，区级示范社9家，市级示范合作社15家；工商注册家庭农场56家，其中，认定区级示范家庭农场3家，市级示范家庭农场5家，县级示范家庭农场5家；全县农业产业化重点龙头企业15家，其中，国家级龙头企业1家，自治区级农业产业化重点龙头企业8家，市级龙头企业6家；全县57个脱贫村有新型农业经营主体或产业示范基地（园）73个，带动脱贫户2710户，带动率51.09%，实现每个脱贫村均有1个以上新型经营主体，带动脱贫户达30%以上。

（三）农业产业融合度不断提升

凌云县致力于推进乡村特色产业全产业链发展，重点向农产品深加工和产业融合发展，农产品深加工能力明显提高。在白毫茶产业上，凌云县引进公司建设白毫茶加工基地和年产1万吨茶本酒生产线，开发"洞藏版"茶本酒，带农益农近3000户11000余人，户均增收2500余元。在桑蚕产业上，引进公司建设年产2000吨"百色红"桑果酒生产线，年内产值达2亿元，开发桑叶茶、桑叶菜、桑葚干、桑枝饲料、桑枝食用菌、桑皮苷口服液等其他有市场需求的产品，打造凌云桑蚕全产业链。此外，农旅融合发展不断深入。凌云县着力培育壮大农业体验、生态旅游发展，建成红薯粉加工体验场馆，开发建设茶叶、桑果、草莓等采摘体验园，实现生态游、体验游、观光游等农旅产业有机结合。已建成中国少数民族特色村寨4个，全国乡村旅游重点村1个，五星级乡村旅游区2个，乡村民宿121间，四星级以上农家乐6家，三星级汽车营地3个等一批旅游景区景点。

（四）农村居民和脱贫人口持续增收

凌云县聚焦"两不愁三保障"，创新党建引领、产业发展、基建保障、移民助力、能力提升"五位一体"工作模式，通过产业、就业扶持，增强自我发展能力，激发内生动力，促进贫困群众收入快速增长。2022年，全县农村居民人均可支配收入12604元，增速7.2%。脱贫人口人均纯收入15795元，增速11.98%。其中，工资性收入12308元，增速8.04%，占比77.93%；生产经营性收入1785元，增速31.64%，占比11.3%；转移性收入1615元，增速27.07%，占比10.23%；财产性收入87元，增速1.71%，占比0.55%。

二、凌云县促进农民持续增收的主要做法及经验

凌云县以产业发展为带动，以发挥生态优势为基础，以组织保障为支撑，以政策投入为引导，为促进脱贫人口持续增收提供了典型经验。

（一）坚持齐抓共管，加强组织保障

一是强化组织领导。凌云县成立促进农村居民和脱贫人口持续增收工作领导小组，组建监测增收工作专班，建立联动预警机制，定期会商研究解决工作中存在的困难问题，推动各项增收措施落实落细。增加工资性收入由县人社局牵头，增加生产经营性收入由县农业农村局牵头，增加转移性收入由县财政局牵头，增加财产性收入由乡村振兴局牵头。各乡（镇）、县直各相关

单位根据方案明确的任务分工制订年度实施计划,加强协作联动,形成工作合力。二是推进基层党建。实施基层组织强堡垒工程,通过抓基础实现党组织全线飘红、抓领跑实现党员队伍全员先锋、抓衔接实现党建活动全程覆盖、抓管用实现管理制度全面配套、抓强化实现保障体系全力支撑的"五抓五全"。进一步明确党小组职责任务,会同村民小组积极探索实践"双组联动、双联引领、双议决策、双评互促"的基层事务管理新机制,开展"书记拉练""我为群众办实事"活动,县乡党委书记带头包抓重点难点村,充分发挥党小组政治功能和党员模范带头作用。加大在村级集体经济组织、农民合作经济组织、专业合作社、社会组织等建立党组织力度,做到基层党组织应建尽建、规范运行。

(二)坚持规划引领,明确发展思路

凌云县为加快建立健全脱贫群众持续增收长效机制,进一步巩固拓展脱贫成果,衔接乡村振兴,结合实际情况,制定《凌云县促进脱贫人口持续增收三年行动方案(2022—2024年)》和《凌云县2022年促进农村居民和脱贫人口持续增收27条措施》,为全面提升全县农村居民和脱贫人口收入水平提供了规划指导。根据规划,凌云县确定了促进脱贫人口持续增收的五大方面,包括实施稳岗就业提升行动,持续增加工资性收入;实施特色产业提升行动,持续增加生产经营性收入;实施政策优化提升行动,持续增加转移性收入;实施深化改革提升行动,持续增加财产性收入;实施专项精准帮扶行动,持续提高增收稳定性。明确了几大方面的具体内容、发展目标、主要举措和负责部门,确定了推进当地促进脱贫地区人口持续增收的发展思路和发展方向,目标明确、路径清晰、举措有力、重点突出,为后续的发展指明了方向。

(三)坚持因地制宜,培优培强产业

根据当地地理环境和资源条件,凌云县政府大力发展"两叶一果一家

禽"，即茶叶、桑叶、牛心李、乌凤鸡，加大对脱贫人口增收带动力度。在茶产业上，凌云县依托全县11.2万亩的凌云白毫茶园的优势，以党建引领、村集体经济发展与入园务工相结合的模式，成功创建4个乡镇覆盖18个村的多村联片凌云白毫茶产业园示范片。凌云县大力打造"凌云白毫"区域公用品牌，实现了品牌统一，制定了凌云白毫茶绿茶、白茶、红茶的三套七个单项县级地方标准，规范包装，严格投入品的监管力度，建立凌云白毫茶产品追溯体系，严把产品质量关。在种植方向上由传统茶叶种植向精品茶、健康茶转变，致力打造有机茶、富硒茶等主导产品。引进龙头企业，延伸产业链条。全县培育了国家级农业产业化重点龙头企业1家，区级农业产业化重点龙头企业5家，市级农业产业化重点龙头企业5家，发展茶叶专业合作社28家，全县共有茶叶加工企业60家。为进一步延伸茶产业链，凌云县引进广西天昌投资有限公司到凌云县投资兴建凌云白毫茶生产基地和加工厂，调试生产凌云白毫茶酒。"十三五"期间，茶产业是促农带贫增收最明显的特色产业，覆盖全县6个乡镇45个行政村，茶农11260户50428人，其中贫困村25个，建档立卡贫困户3020户13590人，贫困茶农通过发展茶产业全部实现了脱贫。在桑蚕产业上，凌云县树立"栽桑不唯养蚕、养蚕不唯结茧"的思路，提高蚕桑综合利用率，创新产业延伸发展新模式。一是重点开发桑果酒生产，引进实力强劲的广西嘉桂农业科技有限公司建设桑果酒生产线。2022年生产果桑酒60吨，实现产值1800万元，帮助基地农户户均实现年增收2200元。二是利用桑枝、蚕沙等开展有机生物肥生产，解决全县桑枝、蚕沙的消纳，实现年产值1200万元。全县现有桑园面积已突破10.52万亩，2022年饲养大蚕16.8万张，产鲜茧7142.8吨，实现产值4.02亿元，全县种桑养蚕6923户，其中脱贫户1267户，蚕农户均养蚕收入达5.81万元。

（四）坚持扶智扶技，壮大劳务经济

针对凌云县少数民族较多、农民文化水平偏低的现状，当地集合多种资

源,增强当地教育力量,提高农村劳动力就业技能。一是"组团式"帮扶助教。凌云县以"两广"协作帮扶为依托,先后吸引26位专家名师到凌云县驻点支教,积极争取高校资源,与中国人民公安大学、华南师范大学、百色学院、北京立德未来助学公益基金会等高校和慈善组织建立长期合作关系,开展大学生志愿支教活动。近年来共引进大学生支教教师109人,涵盖8个学科,充实了乡村教师队伍力量。二是开展"白鹭班"培训和"雨露计划"。2016年开始,凌云县持续开展"白鹭班"培训和"雨露计划"。分别资助凌云县二中、凌云县高中学生中贫困少数民族(瑶族、壮族)家庭子女,通过实施文化课、"白鹭大讲堂"、"白鹭夏令营"、"民族文化课堂"、职业技能训练、结对帮扶等多种方式,提升其文化水平和技能水平。同时构建多方参与平台,组织引导1500名以上脱贫家庭新成长劳动力入读职业院校、技工院校,提升技能素质。三是有针对性地开展职业技能培训。结合凌云县劳务输出地深圳、广东等地实际需求,大力开发"八桂品牌"、凌云县特色劳务品牌和特色产业技术培训,不断提高凌云县劳动力职业技能和就业水平。2021年以来,凌云县共开展培训144期,培训劳动力6973人,其中脱贫劳动力2689人。

(五)坚持农民主体,增强内生动力

在乡村振兴和巩固脱贫攻坚成果过程中,凌云县政府认识到必须坚持农民主体地位,要充分尊重农民意愿,善于调动农民积极性、主动性和创造性。一是实行产业帮扶措施。凌云县对脱贫不稳定户、边缘易致贫户发展产业,且扩大产业规模达到标准和"从劣变优"进行奖补。截至2023年6月,凌云县累计发放产业奖补资金805.59万元,支持4940户脱贫户发展特色增收产业。二是大力开发农业保险险种,降低生产风险。凌云县各保险机构对肉牛、育肥猪、能繁母猪、水稻、玉米、林木、柑橘、油茶、桑蚕、烟叶10种农业产业开发险种,每个险种财政补贴60%~80%。三是通过帮扶车间提高造血能力。凌云县不断优化创业条件,鼓励外地和本地企业在凌云发展壮大,促进劳动力实现就近就业。截至2023年6月，全县就业帮扶车间37家，带动劳动力就近就业1120人。四是在高标准农田建设和交通、水利、乡村旅游、林业等农村基础设施及基本公共服务设施建设等领域大力推广以工代赈方式，提高农村劳动力劳务报酬占项目投资的比例。

（六）坚持绿色优先，发挥生态优势

鉴于凌云县属于国家重点生态功能区，凌云县从大局出发，严把环境保护关，在农业种植结构、工业项目选择上牢牢守住底线，用实际行动守护"绿水青山"。一是擦亮生态品牌，打造生态旅游资源。围绕"一湖""一山"打造生态旅游。积极打造浩坤湖自治区级旅游度假区，围绕"文化休闲+长寿康养"主题，重点推进运动健身类、休闲娱乐类、康体疗养类、夜间经济、主题游戏等产品开发，提升旅游服务设施，完善服务能力。依托凌云茶山金字塔景区着力打造农旅结合项目，让游客体验采茶、制茶等传统技艺。二是做好"古城"文章。凌云县依托生态强县优势，整合本地古建筑、文化、崖刻，建设博物馆等旅游资源，梳理"古"元素，成功打造"凌云古城"4A级景区。2022年全县旅游接待游客总人数250万人次，旅游总收入25.6亿元，全县旅游从业人员达1万多人，通过发展旅游带动5000多人脱贫。

（七）坚持区域协作，实现共同富裕

一是高位推动，加强协作。2016年以来，当地和粤桂党政主要领导亲自组织率团开展结对互访、洽谈并建立健全两区（县）联席会议制度，明确协作事项，确定重点帮扶任务，研究解决工作中存在的困难和问题。2016年以来，深圳市帮扶凌云县对口扶贫协作财政资金共18390.6万元，先后实施了油茶低产林改造、标准化大蚕房、危房改造、校舍工程、农村饮水安全巩固提升、乡镇卫生院业务用房及村级标准卫生室建设、贫困劳动力短期技能培训等84个项目。积极组织当地企业参加各种投资合作推介会，引导东部企业到凌云

县投资兴业。2016年以来，共引进东部4家企业到凌云县投资兴业，完成投资1.2059亿元，解决贫困劳动力就业77人，利益联结带动贫困人口379人增收。二是加强产销对接，大力实施消费扶贫。推进粤港澳大湾区"菜篮子"基地、"供深农产品基地"建设，促进农特产品销售。2016年以来深圳—凌云通过线上线下电商销售农特产品金额2229.32万元，直接带动886户贫困户增收。

（八）坚持政策保障，发挥兜底作用

健全防止返贫动态监测，加大对重点贫困人群救助力度。一是构建防返贫精准监测预警体系。持续开展"防返贫守底线"专项行动，实行自然屯（小组）为单位的"网格化"监测网、帮联干部跟踪联系网、行业部门信息比对网的常态化"三网工作法"，抓紧织牢防止返贫致贫常态化监测体系。二是加大低保救助力度。按照国家要求，对丧失劳动能力或低收入家庭中的重病、重残人员及时纳入低保或特困人员救助供养范围，并按困难类型及时给予专项救助、临时救助等综合帮扶。三是医保政策向脱贫人口倾斜。根据上级相关医疗保障政策，对脱贫人口享受参保补助、基本医保、大病保险、医疗救助等医保政策进行了倾斜，及时兑现参保补助，防止因病返贫。2022年全县脱贫人口和监测对象住院报销10274人次，总医药费7234.02万元，报销金额5042.22万元，住院报销比例为85.11%。

（九）坚持人才支撑，筑牢发展之基

一是积极搭建人才平台。凌云县实施"引凤回巢""引凤来凌"工程，加强与区内外大学和中高职院校合作，订单定向培养农业生产发展专业技术人员，全方位培养、引进、用好人才，建设高素质专业化人才队伍。二是不断强化人才队伍。凌云县强化科技特派团力量，整合选派新一轮科技特派员、第一书记和驻村干部等团队资源，组建乡村振兴"人才服务团"，开展送指导服务，加大农业生产经营、产业发展、公共服务、乡村治理和农业农村科技人才

培育力度，与乡村振兴创业人员结成帮扶对子，定期开展专家顾问"直通车"活动。三是创设人才培育载体。凌云县组建"绿领人才"公共服务平台，在乡镇全覆盖设立"绿领人才工作站"，鼓励企业通过订单生产、股份合作等经营模式，打造乡村人才培育基地。四是充分利用粤桂协作帮扶培养乡村人才。实施"筑巢引凤聚英才、薪火相传育才俊"两大工程，加强对乡村干部和人才培训。2022年完成专业技术人才培训5期共748人，对全县乡村振兴干部进行了全员轮训，培育"土专家""田秀才"8人。

三、当前存在的突出问题

（一）经济基础薄弱，自我发展能力不足

凌云县位于广西西北部，与滇黔两省邻接，隶属百色市，多民族聚居，属于石漠化大石山区，按照当地的说法是"九分石头一分地"，土地贫瘠，交通不便，自然条件恶劣。1992年凌云县就被定为国家新一轮扶贫开发工作重点县、国家深度贫困县，2021年被确定为国家乡村振兴重点帮扶县。在脱贫攻坚战中，全县57个贫困村17233户77677名贫困人口实现脱贫，彻底改变了凌云县贫穷落后的面貌。但总体看，凌云县经济发展基础仍然薄弱，产业发展尚处于起步阶段。2022年，凌云县地区生产总值47.72亿元，人均地区生产总值25121元，远低于全国人均国内生产总值85698元。同时，农村基础设施难以满足发展需求。截至2023年6月，凌云县81个20户以下村屯仍然未能通硬化路。受地理环境影响，自然灾害发生频率较高，抵抗风险能力较差，存在返贫致贫风险。

（二）县级财政负担重，以城促乡能力受限

一是县级债务规模大。凌云县长期以来财政自给率偏低，社会经济运行

大部分依靠转移支付。2020年、2021年,凌云县财政收入和支出比仅为9.6%和9.5%。脱贫攻坚以来,凌云县实施了大量的基础设施建设项目、产业发展项目和东西部协作项目等,但相当一部分建设项目需要本级财政配套。由于本级财政收入极其有限,因此长期积累下来,县级债务规模巨大,县级财政压力极大。二是财政资金整合不足,使用范围受限。尽管近些年国家支持脱贫县统筹整合使用财政涉农资金,资金整合范围逐步扩大,但总体看财政资金使用限制仍然较多,统筹整合难度大,部分涉农项目只允许用于种植业和养殖业,农产品加工业无法使用,限制了当地发展积极性。此外,财政资金使用范围受限明显。习近平总书记提出,脱贫攻坚结束后要全面推进乡村振兴。但在财政资金和部分项目中,仍然没有体现这一原则。乡村振兴衔接资金大多投向脱贫村、脱贫户,不能用于一般村基础设施建设,造成脱贫村与一般村、脱贫户与一般户之间差异显著。凌云县30%左右的人口属于脱贫户,70%左右属于一般户。但乡村振兴衔接资金90%以上只允许用于脱贫户,5年下来脱贫户和一般户差异巨大。以凌云县为例,2022年全县脱贫户人均纯收入15794元,同比增长12.0%,而农村居民人均可支配收入12604元,同比增长7.2%。对一般户投入力度大幅滞后于脱贫户容易引发群众不满,脱贫户"等、靠、要"思想明显,内生发展动力不足。另外,村庄之间发展不平衡,一般村基础设施建设明显滞后于脱贫村,当地又无法依靠自身财力补齐一般村基础设施的短板,不利于整体增收机制建立。

(三)用地政策极其严格,限制产业发展和农民增收空间

按照国家规定,在严格执行三区三线的基础上,每个地区"十四五"期间的建设用地指标为"十三五"建设用地规模的1.3倍。但各地在用地指标上一直以来实行的是优先保障大城市,压缩中小县城用地指标。以凌云县为例,首先要保障南宁市、百色市规划发展,因此凌云县的用地指标进一步被压缩。2021—2035年,凌云县可用于建设用地的规模只有1900亩。根据自然资源部

办公厅印发《关于过渡期内支持巩固拓展脱贫攻坚成果同乡村振兴有效衔接的通知》，为加强脱贫地区建设用地计划指标保障，到2025年每个脱贫县每年安排新增建设用地计划指标600亩，按照这个标准，到2025年，凌云县也只有1800亩的建设用地规模。从全国比较看，截至2023年6月，凌云县人均建设用地规模仅为52平方米，远低于全国120平方米的平均水平。产业要振兴，必须开展设施建设和发展二三产业，但凌云县属于国家重点生态功能区，生态空间占县域总面积的92%，限制或禁止开发的生态保护红线面积占县域总面积的49.96%，发展二三产业受限极大。2020年，凌云县三次产业结构比例为23∶24∶53，二产规模明显偏小，创造就业岗位和财政收入有限。为解决部分脱贫户生活条件困难问题，凌云县实行了集体易地搬迁，建设了易地扶贫搬迁中心，累计搬迁3223户16241人。截至2023年6月，搬迁任务已经完成，但突出问题是搬迁后这些人如何就业、怎么增收。从凌云县情况看，县内"四上企业"仅有80～90家，提供的就业岗位不足1万个，而仅县城人口就达到5万人。

（四）粮经发展矛盾突出，保粮和增收存在"两难"

凌云县属喀斯特地貌，山地面积占全县总面积的93.32%；平地面积仅占总面积的3.28%，全县超过500亩的平地不足10块，人均耕地面积只有0.8亩，人均水田面积只有0.3亩。据调研，在划定基本农田时，大部分划定在了山坡和石化地带，在这些地方种植粮食作物收益极低。以种植玉米为例，较好的土山坡种植玉米亩产最多500斤，毛收入仅500元左右。为促进脱贫，凌云县大力发展蚕桑产业、油棕产业、烤烟产业等，收益明显高于粮食作物，有效带动了农户收入。为解决粮经产业发展矛盾，凌云县大力推广大豆、红薯以及杂粮等与经济作物的间作套种，但由于用工成本偏高，农户并不积极。因此，这就带来了一个现实问题，粮食作物和经济作物如何协调。发展粮食作物，资源条件差，收入偏低，农户不愿意，且无法实现脱贫户稳定持续增收，发展经济作物又难以满足基本农田必须种植粮食的要求。

（五）产业层次总体偏低，惠农带农后劲不足

凌云县近些年大力发展各种产业，也形成了一定的产业规模，为后续发展奠定了很好的基础。但总体看，产业发展多处于初级阶段，产业链条短，市场营销与品牌建设滞后，三产融合发展水平低，新型经营主体发育不足，带动农民增收能力较弱。现有产业扶贫项目大多存在产业同质化、产销衔接差、加工能力弱、物流系统滞后、新型经营主体缺乏等问题。以茶叶产业为例，凌云县茶叶种植面积、人均产茶量居广西前列，是县农业支柱产业，也是"衣食万户"的大产业。但凌云白毫茶的品牌影响力不强，与广西六堡茶、横州茉莉花茶、三江早春茶等区内茶叶在品牌影响力及市场竞争力方面还有很大差距，企业之间无序竞争现象明显。全县60家茶叶企业，大部分设备规模偏小，精深加工能力不足。茶旅融合才刚刚发展，融合度不高，茶文化内涵有待挖掘。

（六）青壮年劳动力离土离乡比例偏高，人才支撑不足问题突出

凌云县属于多民族混居区，对教育重视不够，多年来当地农民以外出打工为生，农村留守人口居多、年轻人少，"空心村"现象严重。2022年凌云县农村居民人均收入约70%来源于外出务工收入。大量青壮年人口外出，本地人才支撑严重不足。据当地人员介绍，2023年，凌云县农业技术专业人才仅88人，乡土人才仅69人。2021年、2022年、2023年，全县20多万人口大学一本录取人数仅为17人、19人、35人，远低于临近云南部分地区，造成当地县级政府部门招收工作人员困难重重。由于当地经济社会发展相对滞后，工资水平和人文环境对人才吸引力不足，引进人才难度较大。当地领导认为，在乡村振兴中最短缺的是人才，最大的问题也是人才，只能用"二流"的人才做着最重要的事情。

（七）农村集体经济规模偏小，实现共同富裕实力不够

凌云县受产业发展滞后、资源短缺、交通不便等制约，农村集体经济较为落后。脱贫攻坚以来，在国家政策的大力支持和各部门的努力下，凌云县实现了村村有产业，农村集体经济得到了长足发展。2022年凌云县110个行政村（社区）集体收入全部达到5万元以上，总收入1320.77万元，平均12万元，形成了一批村集体资产项目。但与中东部地区相比，凌云县农村集体经济规模偏小，对促进现代产业体系建设，构建农民长效增收机制支撑不足。从发展看，尽管各村仍有相当的闲置资源资产没有被充分挖掘出来，但大部分由于地理条件和资源条件限制，资产价值低，开发成本高，难以带来较高效益。另外，各地对扶贫资金项目形成的村集体资产管理也存在很多问题，部分村自主发展产业项目的主观能动性不强，"等、靠、要"思想严重，村"两委"对集体经济发展大部分持"一托了之""一光了之""一租了之""一股了之"等心态，对集体经济收入简单分红比例较高，不利于村集体经济发展产业带动更多劳动力就业。

四、对策建议

凌云县在促进农民持续增收方面存在的问题具有一定的普遍性。针对突出问题，提出以下政策建议。

（一）推进欠发达地区从防返贫向全面乡村振兴转变

目前，欠发达地区已经全面完成了脱贫工作，进入以乡村全面振兴为目标的新阶段，但依然面临防止返贫和缩小收入差距的任务。为适应新形势新要求，社会保障部门要聚焦兜底低收入群体，进一步完善以就业帮扶和社会帮扶为重点的扶持政策，构建适应新形势新要求的监督考核体系。将防返贫工

作纳入乡村振兴考核体系,推进欠发达地区乡村振兴。

(二)做好脱贫地区资金投入与乡村振兴任务衔接

一是中央对脱贫地区的财政投入和扶持政策要保持稳定。鉴于部分脱贫地区严峻的财政收支状况,过渡期结束后要逐步将乡村振兴衔接资金纳入乡村振兴专项资金,实现脱贫地区乡村振兴资金持续投入与管理的制度化、规范化。二是中央和省级加大对脱贫地区的财政转移支付力度。生态补偿等项目资金优先向脱贫地区和乡村振兴重点帮扶县倾斜,确保财政投入与乡村振兴目标任务相匹配,继续降低比例直至取消农业大县财政穷县的项目县级资金配套要求。三是拓宽欠发达地区投融资渠道。强化金融机构在脱贫地区乡村振兴中的责任,加大对脱贫地区的低息或贴息中长期贷款支持。

(三)加大对欠发达地区土地政策支持力度

对脱贫地区适当增加建设用地指标,新增的建设用地计划指标,优先保障巩固拓展脱贫攻坚成果和乡村振兴用地需要。立足基层需求,拓宽设施农业用地来源渠道,包括支持新型经营主体以改造荒山荒坡等非耕地换取等量的设施农业用地指标,探索适度规模集中供地模式等。支持村集体、经营主体等共同出资建设公共生产设施,构建多元主体共同参与的治理机制和利益分配机制,实现共建共营共享。加强部门沟通协调,完善设施农业用地管理体制机制。

(四)增强脱贫地区产业增收新动能

一是因地制宜发展产业,处理好粮经发展矛盾。在适合种植粮食的区域坚决优先发展粮食作物。创新种植模式,对目前部分典型山区普遍存在的不适合种植粮食的基本农田探索粮食作物和经济作物间作套种新模式。二是扶持脱贫地区培育发展新产业新业态。鼓励脱贫地区根据当地产业结构引进先进加工企业，延伸产业链和价值链，创造更多就业岗位。加强对脱贫地区农业多功能性、传统村落、优秀传统文化的挖掘、保护和开发，适度开发生态旅游资源，将绿水青山转化为金山银山。三是支持新型农业经营主体发展。扶持培育农民合作社，完善利益联结机制，提高龙头企业与合作社的辐射带动能力。加大高素质农民培训力度，加强农村人才队伍建设，培养一批专业人才，扶持一批乡村带头能人。四是提高农产品产销衔接。提升脱贫地区特色农产品质量，加强品牌建设。加大对农产品粗加工和冷链物流等商品化处理设施建设的扶持力度，完善市场体系，整合县、乡、村三级电商服务平台，降低物流成本。完善脱贫地区直供农产品示范基地建设。

（五）提高稳岗就业质量

一是继续开发乡村公益性岗位和以工代赈项目。建议对欠发达地区在乡村公益性岗位上岗人员的年龄适当放宽，充分发挥兜底安置作用。二是完善扶贫车间发展环境，提高就业质量。加大财政、金融、税收等政策扶持，为扶贫车间发展壮大、提高就业能力提供政策保障。三是强化东西部劳务协作，促进劳动力供需有效对接。切实加强群众职业技能培训，有针对性地开展各种"订单培训"，切实提高人岗适配性。

（六）强化人才队伍建设

脱贫地区脱贫攻坚过渡期结束后不宜立即撤回驻村工作队。对于一些已巩固脱贫攻坚效果、实现稳定脱贫的地区，可视情况有计划、分步骤地逐步退出。严格落实科技特派员制度，鼓励更多科技人才深入基层一线服务乡村振兴。支持脱贫地区在户口、工资待遇、养老保险等方面采取更为灵活的人才引进政策。大力实施脱贫地区职业院校建设计划和乡村人才培养制度。

（七）加强对低收入群体的兜底保障

进一步加大农村教育、文化、医疗卫生、社会保障等投入，提高农村社保标准，推进城乡社保一体化，特别是落实困难群体的普惠政策，提高重病、重残人口的医疗保障政策标准。健全社会救助与福利保障体系，整合民政、医疗、慈善、保险等政策资源，全面构建社会安全保障网，充分发挥其在防贫减贫中的兜底保障作用。

执笔人：翟雪玲　聂赟彬

第八章 | 构建欠发达地区常态化帮扶机制：正安案例

习近平总书记在2022年中央农村工作会议上的讲话中明确指出，研究建立欠发达地区常态化帮扶机制。随后2023年发布的中央一号文件也明确提出要"研究过渡期后农村低收入人口和欠发达地区常态化帮扶机制"。这既是欠发达地区对建立健全常态化帮扶机制的现实需求，也是党中央、国务院立足我国巩固拓展脱贫攻坚成果现状，从国家乡村振兴重点帮扶县县情民情出发作出的重要决策部署。正安县作为原深度贫困县和国家乡村振兴重点帮扶县，在过渡期内，紧紧聚焦"精准监测、精准帮扶，确保不发生规模性返贫"目标，坚决守住不发生规模性返贫底线；同时，正安县牢牢抓住乡村振兴发展机遇，紧紧围绕产业帮扶、就业帮扶、易地搬迁后扶、社会帮扶等方面，深入推进县域常态化帮扶，增强县域内生发展动力。

一、正安县基本情况

（一）正安县总体概况

正安县位于贵州省东北部，是贵州省襟联重庆的前沿，处于黔渝之间的交汇地带，是川渝南下和云贵北上的要塞，是渝南、黔北经济文化的重要交汇区域，素有"黔北门户"之称。正安县曾是全国扶贫开发重点县，贵州省16个深度贫困县之一，遵义市唯一的深度贫困县。全县面积2595平方千米，耕地面积110万亩，辖16个镇、2个乡、2个街道和1个省级经济开发区，154个村（社区、居委会），居住有汉、亿佬、苗等27个民族，总人口66.1万人，其中农业人口60.1万人。最高海拔1838米，最低海拔448米。属中亚热带湿润季风气候，四季分明，雨量充沛，无霜期长，年平均气温16.1℃。正安县拥有独特的人文地理、资源禀赋，在文化风情、区位环境、生态资源等方面独具特色。

（二）正安县经济社会发展情况

党的十八大以来，正安县坚持以习近平新时代中国特色社会主义思想为指导，统筹推进经济社会发展，实现现行标准下全员脱贫，彻底撕掉了正安县千百年来的绝对贫困标签，全县经济行稳致远，高质量发展成效显著。

1. 地区生产总值逐年增长，经济结构不断优化

2012年正安县地区生产总值为35.6亿元，到2022年突破143.2亿元，年复合增长率达到14.93%（见图8-1）。从人均地区生产总值来看，2012年正安县人均地区生产总值为9432元，约占贵州省人均水平的47.40%，到2022年增长至36228元，逐渐接近贵州省人均水平，占比为69.24%。

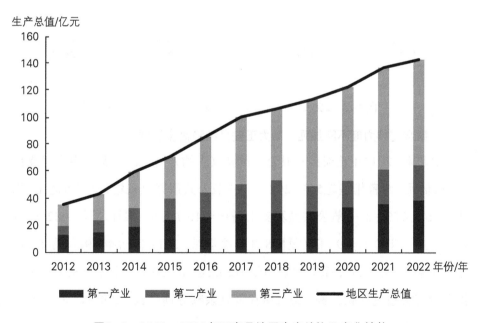

图8-1　2012—2022年正安县地区生产总值及产业结构

2. 县域工业总体呈增长态势，特色产业保持较大规模

从第二产业来看，全县规上工业增加值增速变化幅度较大，总体呈增长趋势，2015年增速为18.3%，2020年、2021年、2022年分别为-0.2%、8.3%、5.9%（见图8-2）。从第一产业来看，2022年全县农、林、牧、渔业总产值59.63亿元，按可比价格计算，同比增长4.1%。其中：农业总产值41.02亿元，同比增长5.9%；林业总产值5.90亿元，同比下降3.5%；畜牧业总产值9.75亿元，同比增长2.0%；渔业总产值0.99亿元，同比下降2.1%；农林牧渔服务业总产值1.97亿元，同比增长8.3%。

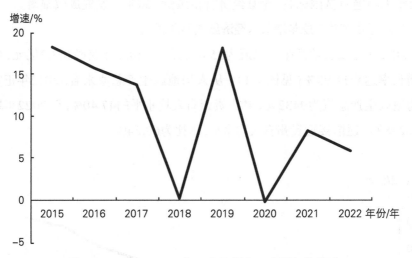

图8-2 2015—2022年正安县规上工业增加值增速

3. 财金支持力度不断加强，助力正安县经济稳步发展

财政端，2012年正安县一般公共预算收入约为3亿元，一般公共预算支出为19.1亿元，两者相差超5倍。2021年，一般公共预算收入增长至4.5亿元，累计增长48.67%；而一般公共预算支出增长至46.7亿元，累计增长69.82%，两者差距进一步拉大至9.3倍（见图8-3）。金融端，2012年金融机构人民币各项存款余额为58.7亿元，而贷款余额仅为20.2亿元。2018年金融机构人民币贷款余额首次超过存款余额，2022年存贷款余额分别增长至208.1亿元和288.7亿元（见图8-4）。

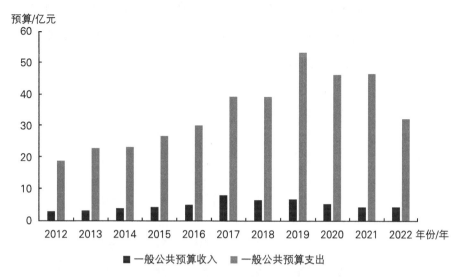

图8-3　2012—2022年正安县一般公共预算收入、支出

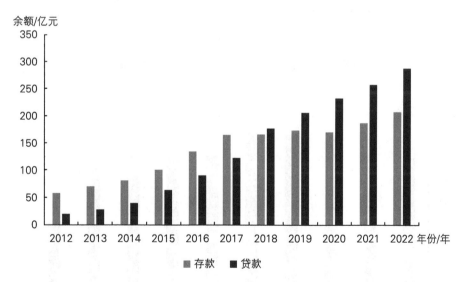

图8-4　2012—2022年正安县金融机构人民币存、贷款余额

4.县域人口规模较为稳定,城乡差距逐步缩小

一是全县人口数量较为稳定,城镇化率总体呈上升态势。近5年来,正安县常住人口保持在39.5万人左右,2022年末户籍总户数185485户,总人口665984人。其中,城镇人口239480人、乡村人口426504人,分别比2015年增

长64766人、减少49597人。全县城镇人口波动增长，城镇化率从2015年的26.85%提升至2021年的35.96%（见图8-5）。2021年正安县农村从业人员较2020年，呈下降趋势（见图8-6）。

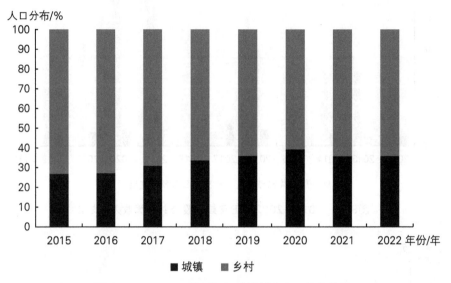

图8-5 2015—2022年正安县城乡人口分布情况

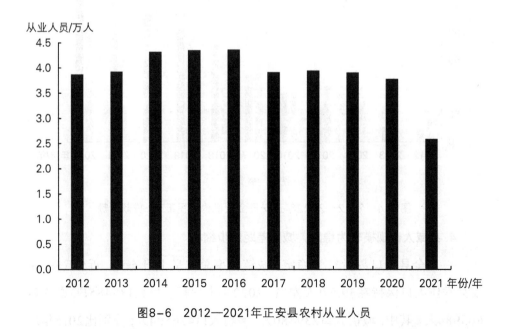

图8-6 2012—2021年正安县农村从业人员

二是县内居民人均可支配收入增长显著。2013年正安县城镇居民人均可支配收入为17529元，近10年间连续突破2万元、3万元大关，分别于2015年突破2万元大关，达22092元；2019年突破3万元大关，达32023元；2021年达36747元，比2013年增加19218元，不考虑价格因素影响，累计增长109.64%，年复合增长率为9.69%。2013年正安县农村居民人均可支配收入为5070元，2018年首次突破万元大关，2021年达13588元，比2013年的5070元增加了8518元，不考虑价格因素影响，累计增长168.01%，年均增长率为13.11%。

三是城乡居民人均可支配收入与全国差距保持基本一致，城镇居民人均可支配收入接近省平均水平。正安县在未脱贫摘帽之前，属于深度贫困县，由于正安县城镇居民人均可支配收入基数低，与全国城镇居民人均可支配收入差距明显，近10年来，与全国差距保持基本一致。而与全省的差距在逐步缩小，2013年正安县与贵州省城镇居民人均可支配收入绝对值之差为3035.9元，到2021年差距缩小为2464元，这表明正安县年均城镇居民人均可支配收入增速高于贵州省（见图8-7）。从农村居民人均可支配收入来看，近10年来正安县农村居民人均可支配收入基本高于全省水平，2021年达13588元，年均增长率为13.11%，年均增速高于贵州省（10.68%）2.43个百分点、高于全国（9.46%）3.65个百分点（见图8-8）。

四是城乡居民收入差距逐渐缩小，城乡融合发展进程不断加快。党和国家始终高度重视城乡关系问题，特别是进入新时代以后，以习近平同志为核心的党中央进一步深化对城乡关系的认识，提出城乡融合发展目标，不断化解城乡矛盾。根据贵州省统计年鉴显示，2013年正安县城乡居民人均可支配收入比为3.46，近年来该比例不断下降，2019年、2020年、2021年依次降为2.83、2.74、2.70（见图8-9）。

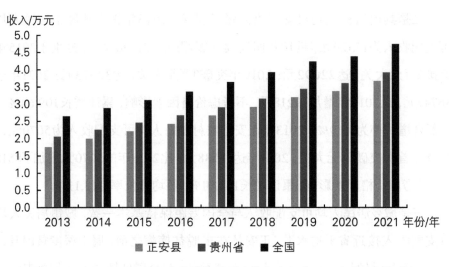

图8-7　2013—2021年正安县城镇居民人均可支配收入及全省、全国对比

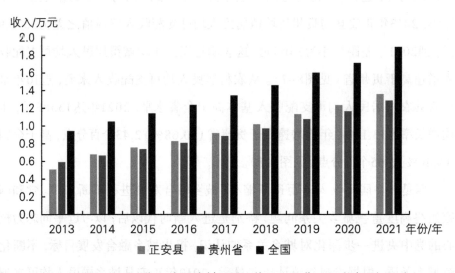

图8-8　2013—2021年正安县农村居民人均可支配收入及全省、全国对比

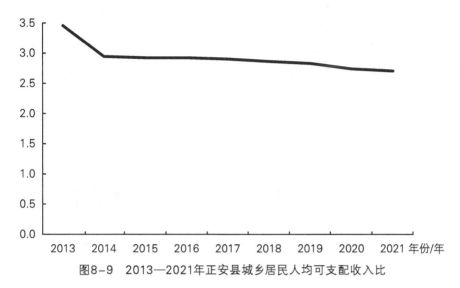

图8-9 2013—2021年正安县城乡居民人均可支配收入比

5. 居民消费日趋多元化，生活质量稳步提升

一是恩格尔系数不断下降，生活质量显著提升。党的十八大以来，从城乡居民恩格尔系数看，正安县城镇居民恩格尔系数从2012年的40.73%下降到2021年的30.49%，农村居民恩格尔系数从2012年的40.95%下降到2021年的30.18%，表明人民生活水平不断提升，城乡居民生活质量显著提升。

二是整合县域教育资源，居民文化生活日益丰富。党的十八大以来，正安县积极整合教育资源，县域中学质量不断提升，全县九年义务教育巩固率从2012年的78%提高到2021年的129.77%，2019—2021年初中学校数量保持在27所。2021年，城镇居民人均教育文化娱乐服务支出3985元，不考虑价格因素影响，累计增长1546.7%，年均增长率为36.51%；农村居民人均文化娱乐服务支出2528元，不考虑价格因素影响，累计增长3141.02%，年均增长率为47.27%。数据显示，由于正安县基数小，城乡居民用于文化教育娱乐的支出出现"四位数"高速增长，呈现城乡居民文娱生活丰富多彩的局面。

三是医疗保障水平逐步提升，居民健康意识增强。2016年，全县卫生机构床位数为2217张，2021年增长至3245张，累计增长46.37%，县内医疗保障设施逐步完善。同时，居民健康意识逐步加强，2021年正安县城镇居民人均医疗保健支出2262元，与2012年相比增加2020元，不考虑价格因素影响，累计增长834.7%，年均增长率为20.13%；农村居民人均医疗保健支出1872元，与2012年相比增加1716元，不考虑价格因素影响，累计增长1100%，年均增长率为31.88%。体现出城乡居民越来越关注自身健康，也促进了县域内医疗保健类消费增长迅速。

二、正安县在过渡期内常态化帮扶的主要做法及成效

自2020年完成脱贫摘帽以后，正安县坚决落实"四个不摘"要求，深入贯彻落实党中央、国务院决策部署，抢抓国家乡村振兴重点帮扶县机遇，在过渡期内围绕组织管理、动态监测、产业帮扶、就业帮扶、易地搬迁后扶、社会帮扶、扶贫资金与项目帮扶等方面，深入推进县域常态化帮扶，取得了显著成效。

（一）始终坚持以最严格的工作要求，持续压紧压实各级责任

一是强化组织领导。成立了以县委书记、县长任双组长的乡村振兴工作指挥部和工作领导小组，明确了过渡期内继续保持"三级指挥体系"、同步小康驻村队伍和结对帮扶工作机制不变，加强党的全面领导，持续强化党政一把手负总责的工作责任制，县委、县政府坚持常态化研究部署巩固拓展脱贫攻坚成果同乡村振兴有效衔接工作。

二是强化责任落实。进一步压紧压实县级领导、镇村干部、主管部门、驻村第一书记、驻村工作队以及全体干部工作责任，健全完善结对帮扶、督导检查、考核奖惩机制，切实做到"责任不松、政策不变、力度不减、监管不脱"。2021年明确了全县47名县级领导挂帮联系乡镇担任镇级指挥长，选派驻村工作队95支，安排驻村第一书记和驻村干部294人，覆盖了全县20个镇（乡、街道）。持续深化"单位帮村、干部帮户"工作机制，优化完善驻村第一书记、

驻村干部管理办法和职责任务，坚持干部定期回访制度，确保帮扶责任不缺位、帮扶工作不断档。

三是强化问责问效。坚持以最严厉的追责问责倒逼脱贫成效提升，制定出台了《正安县巩固脱贫工作问责办法（试行）》以及高质量考核等系列文件，将巩固拓展脱贫攻坚成果纳入全县高质量考核重要内容。强化督导检查，县级成立了两个常态化督查工作组，对全县巩固拓展脱贫攻坚成果工作进行常态化督导检查，先后开展了8次专项督导检查，下发专报12期、通报8期。

（二）全力抓好防返贫监测帮扶工作，守住不发生规模性返贫底线

在防返贫监测对象查找上，正安县坚持以大走访大排查为抓手，结合基层干部定期排查、上级反馈预警信息核查以及线上App申请等方式多渠道、多形式排查，建立防返贫监测对象发现引入、消除回退的动态机制，提高了防返贫监测效率，有效杜绝了返贫致贫。

在监测资金支持上，为抓实监测对象帮扶，遵义市建立了市、县、乡、村四级防贫监测平台，并联合县级每年共同建立8000万元的防贫救助基金；县级财政预算安排了300万元防贫帮扶资金，并筹资为所有监测对象购买了防贫保险，采取组织生产自救、开发公益性岗位以及通过防贫基金保障一批、落实兜底政策保障一批、购买防贫保险保障一批等方式实施分类帮扶，及时消除返贫致贫风险。

在监测工作开展上，明确监测责任人要对"三类对象"实行每月定期回访，要监测收入和"三保障"情况，关注其生产生活，帮助办好实事、解决困难，出现风险情况及时向村"两委"反馈，要确保有效消除其返贫风险。同时，挂村领导、村党支部书记、驻村第一书记要不定期对"三类对象"进行遍访，及时掌握情况，研究解决问题，确保及时化解风险。

（三）培育壮大优势产业，发挥产业帮扶引领带动作用

在农业产业方面，作为正安县主导产业的茶产业，截至2023年6月，已建成茶园面积31万亩，其中白茶18万亩，县内有茶叶企业及专业合作社179家，茶叶产量达7800吨（白茶390吨）以上。建有正安·中国西部白茶交易市场，共计33家茶叶企业入驻经营，"正安白茶"品牌价值超14亿元。同时，为了充分发挥产业集群效应，正安县还培育发展省级龙头企业20家、市级龙头企业38家，名录管理家庭农场801家，争取家庭农场培育发展资金75万元。

在工业产业方面，在正安吉他产业快速发展的背景下，贵州省委、省政府明确了将正安吉他打造成贵州省继"国酒茅台"之后的又一张亮丽名片。同时，为了推进吉他企业带动农民农村发展，正安县从土地、经营、市场等方面给予了大力支持。在租金方面，兑现入驻企业的厂房租金实施免三减二，收租后的租金标准也远远低于发达地区，此外还推行以租代售政策；在经营方面，对于正常经营的企业，在运行中需要资金支持的，明确指出政府可协助办理无须抵押、利息低的"贵园信贷通"贷款；在市场方面，积极组织企业到上海市、德国、美国等全世界最大的展销会参加吉他展，帮助企业打开国内外市场；在服务方面，实行领导帮企、干部住企，甚至推行日见面制度，主动上门，全程代办等。

（四）深入推进就业工作开展，赋能县域常态化帮扶

在人力资源协作方面，先后出台了《正安县珠遵人力资源协作项目补贴实施方案》《正安县切实加强就业帮扶巩固拓展脱贫攻坚成果助力乡村振兴工作实施细则》等文件，通过线上线下广泛宣传转移就业补贴等一系列政策、帮助农村劳动力到东部帮扶城市稳岗就业。利用东西部劳务协作资源，2022年以来帮助328人转移就业。加强协作交流，珠海市人社局推荐了珠海市技师院校、珠海市欧亚技工学校、珠海市工贸技工学校、珠海市南方爱迪技工学校、

珠海市索卡科技技工学校5所技工院校到正安县招生,截至2023年6月,已有359名学生入学。

在重点群体帮扶方面,一是打造就业帮扶载体,促进搬迁劳动力就近就地就业,现有就业帮扶车间及基地21家,共吸纳就业891人。二是积极开发公益性岗位,使用就业补助资金开发乡村公益性岗位1644个,用于安置农村低保对象、农村特困人口、脱贫不稳定人口、边缘易致贫人口、突发严重困难群体劳动力就业,累计发放补贴336万元,购买意外伤害保险25.2万元。

在就业创业培训服务方面,一是有针对性地开展就业培训,针对有外出意愿的劳动力,开展电工等技术性强且易就业工种的培训;针对不愿离开本地的人员,以"1+20+N"模式开展种养殖短平快培训;针对有就近就业意愿的劳动力,开展家政服务、保育员、吉他制作工等地方特色培训。截至2023年6月,正安县累计培训1313人次,其中中长期培训191人次,短平快培训1004人次,创业培训118人次。二是做优创业服务,巩固提升贵州省正安县经开区返乡农民工创业园、正安县返乡农民工创业城两家创业平台建设。2023年以来,通过强化和邮政储蓄银行、中银富登镇银行、正安县农村信用联社凤仪信用社的沟通协调,共受理推荐创业担保贷款58笔,成功发放贷款55笔,总计共1141万元,完成市下目标任务2300万元的49.61%。

(五)全力做好易地扶贫安置后扶工作,为搬迁群众"扶上马送一程"

在稳岗就业方面,安置点积极围绕就业创业培训、就业渠道拓宽以及引导、引荐、推荐、安排就业等健全移民发展保障机制,根据年龄、性别、身体状况、兴趣爱好等,开展分类培训,截至2023年6月,开展了129期创业培训,培训6400余人次。此外,通过召开专场招聘会,推荐到企业、市政机构,拓宽群众就业创业渠道,安置点就业率已达95.2%。

在社区治理方面,探索"党建+管事小组"模式,切实做好易地扶贫搬迁"后半篇文章"。通过在安置点内设置管事长,充分发挥其基层经验足、人缘广、沟通协调能力强的优势，参与社区治理各项工作，开展政策宣传、收集社情民意、处理各类诉求、矛盾纠纷、排查消除安全隐患等，深入推动社区治理协调有序。

在公共服务方面，结合易地扶贫搬迁安置点实际和移民生活实际，组建瑞濠街道新时代文明实践志愿服务分队，开展社区管理、技能培训和文明传播志愿服务3000余次，调解矛盾纠纷500余人次，接受咨询10000余人次。

（六）牢牢把握东西部协作发展机遇，提升社会帮扶带动效能

自横琴粤澳深度合作区协作帮扶正安县以来，合作区在产业兴旺、社会联动、人才交流等方面开展了全方位、多领域的帮扶协作。

一是聚焦吉他产业，紧扣吉他工业、吉他文化、吉他旅游"三位一体"融合发展思路，助力正安县全面创建国家级文化产业示范园区。同时，通过在横琴口岸提供吉他展示、销售、培训等服务，并利用澳门与国际接轨这一平台，持续向庞大的出入境旅客群体推介正安吉他，极大提升了正安吉他在大湾区的知名度和影响力。

二是引入社会联动，坚持"政府领导、社会主导、多方参与"，开展多领域、全方位帮扶协作，大力引入珠海和横琴深合区社会组织到正安县结对帮扶，着力构建"大协作"工作格局。2021年来，珠海（深合区）社会各界共有77批639人次到正安县考察交流；共有8所学校、2家医院、2个社区、30家企业、10家社会组织与正安县8所学校、2家医院、2个社区、56个脱贫村进行结对。

三是加强人才交流，2021年珠海选派4名干部、24名专业技术人员到正安县挂职和开展教育医疗帮扶；选派20名珠海中青年干部到正安县脱贫村开展"三同"（与群众同吃、同住、同劳动）实践锻炼，并通过出谋划策、嫁接资源、捐款捐物等方式帮助脱贫村解决实际困难。与此同时，正安县还选派4名干部到珠海挂职锻炼、15名干部和20名专业技术人员到珠海跟岗学习，不断

提升自身队伍能力水平,为县域高质量发展引入活水。

(七)做好资金统筹整合使用,确保资金使用安全有效

一是制度上高位推进资金管理,县内制定了《正安县统筹整合使用财政涉农资金管理办法(暂行)》等政策,为资金安全有效使用提供制度保障。二是加强项目库建设,围绕2021—2024年巩固拓展脱贫攻坚成果同乡村振兴有效衔接编制入库项目989个,规划资金19.1亿元。三是盘活闲置低效项目,2023年全县排查闲置低效扶贫项目资产25个,涉及资金2815.2万元。对此,正安县严格按照《贵州省盘活闲置低效扶贫项目资产专项行动方案》提出的"九个盘活一批"盘活扶贫项目资产,从组织机构设立、工作方案制定、工作措施开展等方面确保盘活扶贫项目经营性资产落地落细。

三、推进正安县域常态化帮扶存在的主要困难和问题

总的来看,正安县在巩固拓展脱贫攻坚成果方面做了大量工作,但在实现县域常态化帮扶方面仍然存在较多短板,在实现乡村全面振兴的过程中仍面临诸多困难和挑战。

(一)县域经济转型挑战较大

正安县经济总量不大,人均水平不高,综合实力不强;工业化进程不快,结构性矛盾突出,农业产业规模化、现代化水平不高;城镇化进程缓慢,仍是小城市、大农村的格局,人民日益增长的美好生活需要和不平衡不充分的发展之间的矛盾仍然突出,全面巩固提升脱贫成效仍是全县的根本任务。

从政府财税收入看,2022年正安县完成县级一般预算公共收入3.6亿元,财政"三保"压力较大,用于发展的资金极其有限。从税收结构看,呈"3—2—1"的倒金字塔格局,总体分配比例较为不合理。其中,第一产业税收占比

较小，2021年仅为0.26%，2022年净入库为负值，与农业大县的实际情况不匹配；第二产业税收发展不稳定，整体抗波动能力较弱，税收大幅减少，二产税收持续走低；第三产业税收占比较大，主要依赖批发零售业（主要是烟草公司），除此以外的服务业税收超八成是平台公司集中缴纳税款。从市场发展活力看，近年来受到国内外经济形势影响，很多市场主体在自身运营上面临较多困难，对于欠发达地区的项目投资更为谨慎。很多地区县级财力受限，在吸引外部资源推动本地经济发展中缺乏资金和政策支持，很多市场主体参与发展的积极性不高，带动能力有限。

（二）农村"造血能力"不足

从农村产业发展看，虽然正安县当前群众"两不愁三保障"突出问题已经得到全面解决，但农村产业还存在组织化程度不高、市场接入不好、带农机制较弱等问题，农业生产对农民增收的贡献率较低，产业收入占比不到20%，与今后推进农业现代化，实现产业振兴还有较大差距。从正安县当前情况看，部分产业虽然有一定基础，但还存在发展后劲不足、产业品牌不强、产销对接存在差距等诸多问题，现有产业支持政策还有待进一步完善。

（三）基础设施、公共服务、人居环境短板仍然突出

虽然正安县通过开展脱贫攻坚，农村基础条件已得到全面改善，公共服务明显加强，但从区域和城乡对比看，还存在较大差距。基础设施方面，交通因素成为影响正安县经济社会发展的重要瓶颈，虽有高速通到县城，但高铁、飞机等交通仍然不便，距离遵义机场还需一个半小时车程。县域内有些村路还未硬化，有的村组还有断头路，有些村民的房屋还需要修缮，有的村组网络信号较差。教育、医疗、网络、养老、社保等方面，要实现城乡基本公共服务均等化，还需持续发力。有的地区，脱贫户和非脱贫户缴纳合作医疗标准不一，如脱贫户每人缴180元，非脱贫户每人缴320元，导致非脱贫户意见很大。

（四）帮扶管理体制机制尚不健全

正安县虽在过渡期保持了脱贫攻坚时期各项政策的延续性，但在地区帮扶管理体制机制方面尚待完善。

一是帮扶部门之间的合力有待形成。据了解，当前帮扶过程中存在各部门之间职责不清晰、沟通不通畅、信息未共享、标准不统一等问题，部门合力尚未形成。二是扶持资金投入和项目管理机制有待健全。当前，扶持资金投入以基础设施建设和人居环境整治项目为主，产业类发展项目相对较少，而且在策划产业项目时也存在重硬件轻软件的情况，项目形成的资产还存在管护资金无法落实的问题。三是帮扶方式和帮扶模式有待完善。据调研了解，当前有的乡镇（街道）将各部门帮扶村集体的资金统筹使用，采取债权的方式注入市场主体，此种方式能够在短时间内提高村集体经济经营性收入，但这种方式仍然没有激活村集体经济"自我造血"能力，扶持资金仅仅作了财务投资，没有起到财政资金的撬动作用。

四、正安县构建县域常态化帮扶机制的对策建议

习近平总书记在2022年中央农村工作会议上的讲话中明确指出，"研究建立欠发达地区常态化帮扶机制"。随后2023年发布的中央一号文件也明确提出要"研究过渡期后农村低收入人口和欠发达地区常态化帮扶机制"。这既是欠发达地区对建立健全常态化帮扶机制的现实需求，也是党中央、国务院立足我国巩固拓展脱贫攻坚成果现状，从国家乡村振兴重点帮扶县县情民情出发作出的重要决策部署。

（一）调整帮扶资金投入重点与范围

欠发达地区开展常态化帮扶，要将帮扶资金用在有利于区域发展的"刀

刃"上。一是继续加大对重点帮扶县的资金和项目倾斜力度。重点帮扶县的产业基础比较薄弱，基础条件有待提升，易地搬迁后帮扶压力还很大，近年来又受疫情影响，在过渡期内容易出现规模性返贫。国家层面的巩固拓展脱贫攻坚成果同乡村振兴有效衔接的资金项目上还要向欠发达地区倾斜，帮助其巩固拓展脱贫攻坚成果，全力防止规模性返贫，为乡村振兴打下坚实基础。二是加大对欠发达地区基础设施投入。欠发达地区多是交通和地理条件较差的地区，要在国家层面规划建设高铁、机场、水路等重大交通干线时向重点帮扶县倾斜，落实重大项目解决大动脉问题，推动大交通引领经济大发展，切实增强重点帮扶县内通外联能力。三是推动教育医疗资源深度帮扶。建议将东部教育、医疗方面的优秀人才派到欠发达地区进行"组团式"帮扶，国家层面做好相关顶层设计，落实优惠与激励政策，如每个地方派多少人员、帮扶多长时间、帮扶后需要达到什么效果等内容纳入团队或个人考核，或者作为东西部人才晋升的必要条件，切实提高帮扶西部欠发达地区医疗教育发展水平。四是切实完善乡村建设相关配套政策。建议国家层面出台美丽乡村建设具体支持政策，突出建设标准、规范建设要求，引导各地按照"科学规划、突出特色、保护文化、留住乡愁、优化基础、延伸服务"的原则，持续改造提升传统民居、老旧院落、优化提升农村居民住房质量。以实施乡村旅游、发展旅居民宿产业为载体，推进宜居宜业宜游美丽乡村建设，有效带动农民群众提高收入。五是扎实开展农村人居环境整治提升行动。以推进"厕所革命"为重点，持续推进农村环境污染治理，推进乡村净化、绿化、美化，全面改善农村生活环境。加大对农村生活污水治理和农村生活垃圾处理的政策支持力度，加大资金投入，将行政村污水治理率和自然村寨垃圾治理率纳入乡村振兴实绩考核，确保有序推进农村生活污水和垃圾治理。六是全面推进县乡村一体化商业体系建设。借鉴正安县交邮融合点建设经验，加快完善县乡村交通通行和快递物流配送体系，建设县域集采集配中心、乡镇集中转运中心、村级采集中心。推动农村客货邮融合发展，大力发展共同配送、即时零售等新模式，推动冷链物流服务网络向乡镇和村下沉。探索农村交通物流由线路式经营向区域化经营转变，因地制宜发展"村村通"公交网络，定制适宜农村需求的交通物流功能一体化小汽车，有条件的地区下放运营权到乡镇，实现村村通公交，打通农村交通物流"最后一公里"。

（二）强化与完善区域产业帮扶机制

一是研究出台支持欠发达地区的产业发展政策。在产业发展资金投入方面，鼓励新型农业经营主体和农户积极参与产业建设，资金支持可采取先建后补等方式，尽量去项目化，即产业符合产业规划、达到一定规模、取得一定成效、具有一定带动帮扶能力等，经评估验收后就可以获得产业资金支持。二是探索区域间的产业梯度转移。要充分借助东西协作、对口帮扶等区域支持力量，继续推动以沿海劳动密集型企业向欠发达地区进行产业转移，充分利用当地的土地、劳动力、生态环境等优势条件，推动更多高端产业实现区域转移，在提升产业发展效率的同时，也为欠发达地区提供更多的就业机会和增收渠道，带动欠发达县域可持续发展能力。三是完善利益联结机制。鼓励欠发达地区根据自身产业发展特点，在保持政策延续性的同时，不断优化产业帮扶政策，通过培育壮大欠发达地区的龙头企业、农民专业合作社、家庭农场等主体，构建紧密的联农带农机制，降低生产经营成本，促进农民增收。四是提升村集体经济带动能力。加大村集体经济发展资金支持力度，采取有效手段消除农村"空壳村"。针对村集体经济薄弱村采取"一村一策"方式制定"消薄"政策，整合帮扶资金，资金使用目标与考核从"帮扶"调整为"发展"，发挥财政引导作用，鼓励农村群众采取"自商、自筹、自建、自管、自治"的乡村治理方式共同投入乡村建设与产业发展。五是加强产业配套支撑。完善与产业发展相配套的政策支撑体系。出台金融扶持政策，完善农村信用评价体系，搭建银政企合作平台，为产业发展注入金融活水，提升欠发达地区农户信贷可得性。完善土地支持政策，针对农村产业发展需要的设施农用地、集体经营性建设用地等,通过深化改革为产业发展提供土地供给保障。六是继续实施"万企兴万村"行动。通过企业带动,扩大就业岗位供给,带动低收入人口增收。国家层面制定出台相关政策,制定切实有效的措施,动员重点企业到乡村振兴重点帮扶县进行结对帮扶,重点帮扶县引导1~2个国内500强企业与之结对,切实帮助重点帮扶县发展壮大特色优势产业,推动县域经济实现大发展。

(三)建立健全欠发达地区常态化帮扶管理体制机制

借助机构改革契机,谋划常态化帮扶工作和内容,进一步厘清相关部门职责和任务,健全工作机制和手段,建立健全欠发达地区常态化帮扶机制。一是加强帮扶政策衔接并轨。针对欠发达地区经济社会发展现状,加强帮扶政策衔接,确保政策的连续性和可持续性。政策制定过程中要注重因地制宜、分类施策,建立健全监督、考核、评估机制,确保政策有效实施和欠发达地区长期受益。二是完善常态化帮扶机制。继续对"三类重点人员"开展监测,适时调整帮扶政策,推动帮扶资源上移到村或乡镇,实现帮扶方式由点及面的转变。合理确定财政帮扶资金和项目,减少重复性项目,采取多种方式盘活扶贫资产,放松对盘活闲置项目的限制。三是建立完善培养和引进乡村人才体制机制。加强顶层设计,制定培养和引进乡村管理人才、技术专家等方面的政策措施,推动实现农村人才上挂下派交流学习制度。围绕欠发达地区优势特色产业,从全国层面引进人才,有针对性地帮扶产业主体。持续抓好扶志扶智工作,持续推进新时代农(市)民讲习所、新时代大讲堂、道德讲堂、远程教育等培训,不断强化干部能力素质,不断提升农民就业技能,增强造血功能。四是持续深化改革,盘活农村闲置资源资产。加大对欠发达地区农村改革政策的倾斜力度,如农村设施农业用地制度、农村宅基地制度改革、农村集体经营性建设用地制度、农村金融改革制度等多项改革的实施深度与广度,破解农村资源和要素有效盘活难题,推动各项改革政策系统集成,统筹发力,以改革关键一招盘活农村沉睡资源,让所有城乡居民共享改革红利。

(四)加快构建城乡一体的社会保障体系

将建立社会救助和防止返贫长效机制作为欠发达地区常态化帮扶的底线任务,因需施救、精准施救,形成覆盖全面、分层分类、综合高效的社会救助格局。在过渡期和过渡期结束后,加强城乡社会保障体系建设,为欠发达地区的农村低收入人口提供必要的社会保障。一是完善城乡居民基本养老保险困难人口费用代缴政策,为参加城乡居民基本养老保险的低保对象、特困人员、返贫致贫人口、重度残疾人等缴费困难群体代缴部分或全部保费。二是进一步夯实医疗救助托底保障,合理设定年度救助限额,合理控制救助对象政策范围内自付费用比例,重点加大医疗救助资金投入。三是强化县、乡两级养老机构对失能、部分失能特困老年人口的兜底保障。加大对孤儿、事实无人抚养儿童等保障力度。加强残疾人托养照护、康复服务。鼓励通过政府购买服务对社会救助家庭中生活不能自理的老年人、未成年人、残疾人等提供必要的访视、照料服务。四是发挥好临时救助积极预防的功能作用,对基本生活陷入暂时困难的群众加强临时救助,做到凡困必帮、有难必救。五是织密兜牢丧失劳动能力人口基本生活保障底线。对脱贫人口中完全丧失劳动能力或部分丧失劳动能力且无法通过产业就业获得稳定收入的人口,要按规定纳入农村低保或特困人员救助供养范围,做到应保尽保、应兜尽兜。六是加强社会力量参与。社会各界可以通过捐款、志愿服务等多种形式,为农村地区提供帮助和支持。此外,政府还应该加强与企业、社会团体和志愿组织合作,共同推进农村地区开展常态化帮扶。

执笔人:谭智心　冯丹萌

第九章 | 发展特色产业助力乡村全面振兴：洛川案例

　　乡村要振兴，产业必振兴。产业兴旺是解决农村一切问题的前提，产业振兴是乡村振兴的重中之重。长期以来，陕西洛川紧紧围绕苹果产业，聚集资源要素、强化科技支撑、注重品质提升、加强品牌建设，不断提高特色产业发展质量效益，把"小苹果"做成了"大产业"，实现了从苹果专业县到苹果产业强县的华丽转变，正加快推进苹果产业高质量发展，奋力探索以特色产业发展推动实现"果业强、果农富、果乡美"的乡村振兴之路。洛川苹果是中国苹果产业发展的典型样板，是以特色产业发展促进农民脱贫致富、县域经济快速发展的鲜活案例，其发展经验具有很好的借鉴价值，进一步发展面临的挑战也具有一般性，亟须凝聚各方共识，深化改革创新，加强政策创设，更好助力特色产业发展，助推乡村全面振兴。

一、洛川县苹果产业发展历程演变

　　洛川县位于陕西省延安市南部，地处陕北与关中交界，北距延安市95千米，南距西安市202千米。洛川县是重要红色革命根据地之一，1937年"洛川会议"在此地召开，确立了党的全面抗战路线，为争取抗日战争的伟大胜利奠定了基础。洛川县地貌类型属典型的黄土高原沟壑地貌，境内塬面开阔，土层深厚，日照充足，雨热同季，昼夜温差大，具有发展苹果产业得天独厚的优势，素有"苹果之乡"和"陕北粮仓"的誉称，并拥有全国唯一的国家级黄土地质公园。全县辖1个街道、8个镇、3个便民服务中心和196个行政村，2022年户籍总人口22.06万人，常住总人口20.17万人，农业人口16.1万人。洛川县苹果产业发展至今已有76年历史，经历了引进推广、专业县建设、产业强县建设、高质量发展四个阶段。

（一）引进推广时期（1947—1989年）：开创黄土高原奇迹

1947年，洛川县永乡镇阿寺村青年李新安，从河南省灵宝市用毛驴驮回200株苹果树苗，种植在自家6.7亩麦田上，开创了延安市苹果栽植的先河，创造了"黄土高原的奇迹"。1957年李新安被推荐到北京市参加全国农业展览会。1958年全县动员，形成了发展苹果生产的第一次小高潮，1960年底苹果面积达到2600亩。1974年国家"三部一社"（外贸部、农林部、商业部、供销社）举办的全国苹果鉴评上，洛川"红星"苹果不仅名列全国第一，还以总分和5项指标中的4项超越美国蛇果。随后被确定为全国优质苹果外贸销售生产基地，由此洛川县掀起了以大队建果园为基本形式的园林场建设高潮。1977年底，全县苹果面积达到4.1万亩，年总产量700多万斤，国家统购310万斤。1978年洛川县荣获陕西省"优质苹果生产基地县"称号。

改革开放后，随着农村联产承包责任制的落实，洛川县苹果产业进入市场化发展阶段。由于果园经济效益的提高，当地群众发展苹果生产的积极性高涨。特别是1986年，洛川县委、县政府提出"以经促粮、逆向开发、滚动发展、以农致富"的经济发展思路，出台了一系列扶持优惠政策，掀起了户办果园的热潮，按照县、乡、村统一规划，新建果园4万多亩，20世纪80年代末全县种植面积达到10万亩。

（二）专业县建设时期（1990—2004年）：成为陕西省苹果第一大县

20世纪90年代初期，随着洛川苹果被作为亚运会指定水果和在科技星火博览会上获奖，洛川人发展苹果产业的热情更加高涨，苹果由此成了洛川县经济发展中的主导性产业。仅1992年和1993年，全县就建成100个苹果专业村，在西包公路沿线建设万亩苹果绿色长廊工程。1992年还承接国务院的全国农村改革试验项目，开展苹果产业产—贮（加）—销一体化试验。1995年底，全县苹果面积达到24.5万亩，总产值1.9亿元，农民人均纯收入达到创纪录的1150元。

20世纪90年代后期，随着全国苹果产业的快速发展，外部竞争日趋激烈，内部生产无序问题日益凸显，收购价格较高的时期往往一哄而上，降价时又纷纷改种，造成资源浪费，单纯依靠市场主体发展的短板逐渐凸显出来。1995年，"大规模地发展苹果，走苹果产业化的道路"成了洛川人对苹果的新认识，先后编制《洛川县1996—2010年苹果发展规划》《洛川县苹果专业县建设规划》，推进苹果产业良性循环发展。

进入21世纪后，全国果业进入了大调整、大淘汰、大竞争的新的发展时期，苹果价格大幅下滑，红富士苹果由原来的每千克两元左右下降到六七角钱，全国范围内苹果严重滞销，个别地区甚至出现了大面积挖除果树事件。应对新的发展环境，洛川县委县政府依然坚持把洛川县建设成全国苹果专业县，专门建立苹果产业开发指挥部，形成一整套上下联动、职能整合、聚焦苹果产业的政策实施、管理和服务体系。2000—2004年每年坚持新建果园3万~4万亩，在4年时间内实现了种植面积从30万亩向50万亩的跨越式增长，苹果产业综合产值达到15亿元，在人均种植面积与人均产量上成了陕西省当之无愧的"苹果第一大县"。

（三）产业强县建设时期（2005—2020年）：洛川苹果享誉中外

达到了种植规模专业县水平之后，洛川县开始以延伸产业链条为重点，以完善配套服务为主线，围绕建成世界优质鲜食出口苹果生产基地、黄土高原苹果产业技术研发集成示范基地、关联产业基地和营销物流基地，推进陕西省果业强县建设，倾全县之力发展现代苹果产业。

2011年，获批筹建国家级苹果批发市场，十多年来累计投资60亿元，先后投资建设洛川苹果国际会展中心、国家级苹果批发市场、西部农资城、苹果物流园区、国家级苹果科技创新园区等一系列二三产业融合发展平台，大力发展会展贸易、仓储物流、农资交易、科技研发等新业态，使会展中心成为"中国·陕西国际苹果博览会"的永久会址。2015年，洛川县成为国家电商进农村综合示范县，开始大力发展苹果电商。

2017年，全国产业扶贫、精准脱贫现场会在洛川县召开，时任国务院副总理汪洋同志对洛川县发展苹果产业，创建知名品牌，实现脱贫致富的做法给予充分肯定。2019年"洛川苹果"品牌估价达到687.27亿元，居全国农产品类第二，水果类第一。2020年洛川苹果产量92.4万吨，鲜果产值达到50亿元，综合总产值百亿元。

（四）高质量发展时期（2021年至今）：示范引领新征程

2021年，洛川县被陕西省确定为苹果产业高质量发展先行示范区，随后出台《关于贯彻新发展理念推动洛川苹果产业高质量发展的意见》《洛川苹果产业"十四五"发展规划》，进一步明确了未来高质量发展的思路目标和重点任务举措，力争到2025年，苹果种植面积稳定在50万亩以上，苹果产业综合产值达到200亿元，农民人均苹果收入突破2万元。近年来，洛川县稳步推进基地更新、品种选优、品牌塑造、新技术集成推广应用，持续夯实苹果产业发展根基。

2022年，洛川县苹果种植面积达到53万亩，苹果总产量达到近106万吨，鲜果产值达到58亿元（见图9-1）。全县95%的农户从事苹果生产，农民收入的95%以上也来自苹果，九成农户户均收入在10万元以上。

当前，洛川县已真正成为全国的苹果产量大县、产值强县，种植面积和产量分别约占延安市的25%和43%，占陕西省的7.2%和7.8%，占全国总体的1.6%和2.3%，全国销售市场上每50个苹果中就有1个可能是洛川苹果。

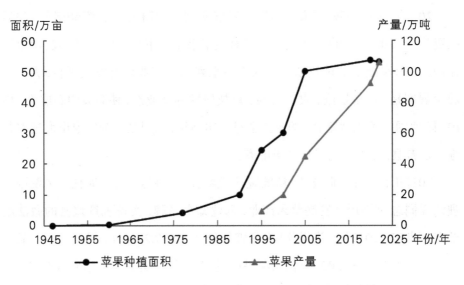

图9-1　1945—2025年洛川县苹果种植面积与产量变化情况

二、洛川县特色产业振兴的主要经验做法

70多年来，洛川县推动苹果产业实现了由小到大、由弱到强的巨大飞跃，将"小苹果"做成了"大产业"，在规划引领、科技支撑、品牌建设等方面形成了一系列可学可鉴的经验做法。

（一）坚持规划引领，强化组织保障

在洛川县苹果产业的发展壮大过程中，政府发挥了关键性作用，县乡村各级干部都非常了解苹果、关注苹果、支持苹果。长期以来，洛川县坚持久久为功，不断完善顶层设计，根据实际情况扎实推进苹果产业发展。

一是持续做好产业发展规划编制。新中国成立至今，洛川县依据县情审时度势，不断优化完善苹果产业发展战略，先后编制《洛川县1996—2010年苹果发展规划》《洛川苹果产业发展规划（2008—2015年）》《洛川苹果"百亿元"现代产业发展规划（2016—2020）》等规划，整合力量、突出重点，倾全

县之力发展现代苹果产业。

二是加强组织保障体系建设。根据洛川县苹果产业发展需要，建立"纵向协作一体化"和"横向多级部门联动"的工作机制。纵向协作一体化是在县级层面，分设负责管理、技术研发、产业园区建设等功能的单位，明晰主体责任，如洛川县的苹果产业管理局、苹果生产技术开发办公室、洛川苹果现代产业园区管理委员会等单位；乡镇层面设立了农业（苹果）综合服务站，开展基层面对面技术服务，形成了围绕苹果产前、产中、产后全程服务的具有行政推动、技术推广、品牌营销、科技创新等全方位功能的管理服务机构。横向多级部门联动工作机制建立了多部门统一协调的工作机制，实行县级领导包抓、部门分工负责和定期调度、督查考核制度，为洛川苹果产业发展提供强大合力。

三是不断创新产业支持政策。一方面，积极努力争取国家和省级农业项目、资金和政策支持，整合果业提质增效工程、特色果品产业带建设项目、产业扶贫项目、农业产业提升促进工程等资金，搭建支持产业发展的平台。另一方面，洛川县建立现代苹果产业发展专项基金，每年拿出1000万元扶持苹果基地建设，支持技术推广和果农培训。

（二）坚持科技创新，厚植发展动能

科技是产业发展的引擎，是提升产业核心竞争力的有力武器。洛川县长期坚持科技创新，大力实施人才兴果、科技强果战略，通过新技术研发和推广，解决产业发展中面临的突出技术难题，构建了从品种研发到生产技术推广应用的全环节科技支撑体系，实现了从标准化生产到加工销售的全过程质量监管，持续推进标准化果园建设，促进果农增产增收。

一是强化苹果产业技术研发。在品种培育方面，与中国农业大学、西北农林科技大学合作，建设延安洛川苹果试验站，研发培育秦蜜、秦脆等7个新品种，推广18项新技术，使技术创新成为苹果产业发展的不竭动力。在苹果科技示范基地建设方面，成立4个院士工作站和1个专家工作站，围绕苹果品种选育、品种展示、苹果深加工、畜牧养殖、水肥一体化、土壤改良、病虫害绿色防控和重茬建园等内容开展示范研究。在研发技术支撑方面，聘请苹果体系52名岗位专家和试验站站长为产业发展顾问，长期为洛川县提供技术支撑。

二是重视农技推广人才队伍建设。健全技术推广体系，依托西北农林科技大学延安（洛川）苹果试验站、陕西有机苹果技术研究发展中心、洛川县职业中等专业学校的优势资源，加大对果农和营销企业（合作社）从业人员的业务知识培训。创新技术培训方式，探索建立了规范的"2-4-6"果农培训长效机制，每年举办县级大型骨干培训班2次，乡镇技术培训4场次，村级现场操作技术培训6场次，年参训果农达到15万人次以上，年培育具有中高级职称的职业农民1200人以上。强化技术队伍建设，坚持外聘内训与引进相结合，先后选派300多名果农、营销大户、技术骨干赴日本等苹果管理先进国家和地区培训学习，聘请国内知名院士、专家组建洛川苹果产业发展顾问团指导产业发展。

三是强化生产标准体系建设。完善苹果生产管理技术规范，持续编制《洛川苹果技术标准综合体（2022年）》，发布《黄土高原旱作节水矮化密植果园技术手册》，确保全县苹果生产从苗木培育、建园栽植、日常管理、苹果营销等流程实现标准化管理。加快新技术普及应用，从增施有机肥、果园间作绿肥、果实套袋、生物农药使用、节水灌溉配套等方面入手，全面推行大改形、强拉枝、有机肥、减密度"四项关键"技术。创建苹果标准化示范园，先后创建国家级苹果标准园2个，面积2000亩；建成省级示范园63个，面积8500多亩，居全省第一位；建成矮化密植果园累计14.6万亩，搭建防雹网累计10.4万亩。

（三）坚持绿色发展，提升质量效益

品质是市场竞争力的根本所在。洛川县各级干部和果农都高度重视绿色发展，积极转变苹果生产方式，让洛川苹果成为健康之果，实现了从"削皮吃、没身份、论斤卖"到"带皮吃、上户口、论个卖"的巨大转变。

一是推进绿色生产。促进病虫害绿色防控，抓建一批病虫害综合防控示范点，建立绿色防控展示区，推进农药用量"零增长"，推广"病虫基数控制、部分害虫诱杀、植物免疫诱导、科学药剂防治、高效器械应用"五大绿色防控集成技术。推进种养结合生产方式，全面推广"果沼畜"生态循环果园建设，加快畜禽废弃物资源化利用，推进有机肥替代化肥，提高果园有机质，果园有机肥施用率达到90%以上；实施化肥减量增效工程，推行"一户一策"测土化验、配方施肥制度，改进施肥方式、增施有机肥、减少化肥施用量，建立科学配方施肥示范点，带动科学配方施肥，有效提升苹果品质。推广旱作节水技术，开展果园基础设施建设和装备提升，配套滴灌、喷灌、集雨窖灌、水肥一体化等高效节水设施，建成水肥一体化节水灌溉果园10万亩，推广先进适用、低耗高效、安全可靠、自动化程度较高的新型园艺工具。

二是强化质量监管。健全管理组织体系，成立由政府主要领导任组长，分管领导任副组长，相关职能部门为成员的农产品（苹果）质量安全监督管理工作领导小组，各乡镇也成立了相应的组织管理机构，全县196个行政村均设有村级农安员，形成了县乡村三级互为一体的农产品质量安全监管体系，实现以苹果为主的农产品质量监管全覆盖。完善农产品质量检验检测体系，县上成立苹果质量安全检验检测中心，乡镇建立检测站，每个行政村和企业都设立检测点，苹果质量安全检验检测覆盖了100%村、15%以上户，合格率达到99%以上，做好农产品最后一道防控，确保农产品优质安全。强化投入品监管，加大对农资、包装市场整治力度，杜绝高毒高残农药和各类假冒伪劣农业投入品的流通；构建安全农资配送网络，实施农资采购、配送、价格、管理、标识、服务"六统一"，形成封闭运行的农业投入品直配网络。

三是支持绿色认证。2003年洛川县被原农业部确定为首批"全国无公害苹果绿色食品生产基地县"。2015年成为全国绿色食品（苹果）原料标准化生产基地，也是我国集中连片面积最大的绿色食品（苹果）生产基地。截至2023年6月，全县建成10万亩有机苹果基地，通过专门机构认证的有5万亩；建成20万亩出口基地，通过注册认证的有13万亩。

（四）坚持园区带动，发挥集聚效应

农业产业园是优化产业结构、促进三产深度融合的重要载体。按照"园区承载、链条延伸、集约发展"的思路，洛川县大力推进苹果产业园建设，初步实现了科研示范引领、现代生产要素集聚、一二三产业深度融合。

一是规划建设洛川苹果现代产业园。提升仓储能力，园区建成国内最大的18万吨集中保鲜贮存库群，引进4.0智能选果线14条，每年仅贮存环节为果农增收1.2亿元以上，并示范带动全县引进配套智能选果线36条，选果能力达到240吨/小时，可满足60%的果品分选，建成冷气库68万吨，贮藏能力达到67%。开展电商销售，建设电商交易中心，建立以县城为中心，向镇村辐射的三级速递物流配送体系，培育电商微商5700多家，2022年园区电商销售苹果5万吨，销售额8.3亿元，示范带动全县电商销售苹果10.8万吨，销售额15.13亿元。发展配套关联产业，引进生物质发电厂、四叶纸箱厂、反光膜铝塑分离厂、果醋加工厂、防雹网厂等关联企业，年产值达1.5亿元。

二是示范带动国家现代农业产业园建设。按照"1+3+X"布局体系，建设县城苹果现代产业园、3个乡镇产业园、多个示范基地，强化资源要素集聚，改造升级各类产业园，有效发挥示范带动作用。截至2023年6月，全县累计流转面积10.9万亩，建成50亩以上的家庭农场46个，500亩以上企业（合作社）领办果园30个，现代农业园区建设面积达到5.8万亩。

（五）坚持品牌营销，增强市场竞争力

推进品牌建设，是引领产业高质量发展的重要途径。洛川县探索出了"争创一个品牌、联结一个企业（合作社）、建设一个专卖店、开拓一方市场、带

动一片基地、富裕一方百姓"的"六个一"品牌营销发展模式，即通过争创专供苹果冠名权，把品牌交给企业或专业合作社经营，让他们在全国大、中城市开设专卖店，开拓目标市场，与基地、果农建立起紧密型关系，发展定向生产、订单销售，建立起"品牌、企业（合作社）、市场、果农和基地"的紧密型合作关系，从而形成品牌营销新机制，改变了传统坐地销售的营销模式。

一是争创冠名权。县级层面，通过对接、争取，洛川苹果先后获得了"中国女排专供苹果""2008年北京奥运会专用苹果""2010年广州亚运会专供苹果""2010年上海世界博览会接待用苹果"等国内大型冠名权。乡镇层面，进行冠名权争创活动，先后取得"国旗护卫队专供苹果""中铁十二局专供苹果""央视国际专供"等30余个重大冠名权，助力洛川苹果品牌建设步入快车道。

二是建设直销窗口。从2010年开始，洛川县按照"主攻一个城市、吃透一个市场、扎根一个城市"的市场开拓思路，支持企业与销地大运营商合作开展城市高端配送，与城市连锁超市、社区便利店合作建立覆盖社区居民的中高端销售网络，抢占中高端消费市场，最终实现"支持一个企业，做深一个市场，覆盖一个城市"的营销目标。已在北京市、上海市、海口市、西安市等全国32个大中城市建成洛川苹果专卖店143个、批发门店42个，其中年营销额达到1000万元以上的有6家，500万元以上有18家，促进高端市场占有份额逐年扩大，苹果销售价格持续攀高。

三是开展宣传推介。自办节会推介品牌，2007年以来洛川县连续成功举办15届"中国陕西（洛川）国际苹果博览会"。展销平台推介品牌，洛川县积极组织县内龙头企业参加国内外各类大型农产品交易会、贸易洽谈会、产销对接会。新闻媒体推介品牌，充分发挥媒体舆论引导和价值传播作用，积极推动媒体宣介与品牌建设联姻。

四是挖掘品牌文化。开发品牌文化产品，先后编辑出版《金土地红苹果（洛川苹果六十年纪略）》《我的父亲李新安与洛川苹果》等10余部苹果文化书籍；建立了中国第一家苹果博览馆，开发了以苹果为主题的树皮画、剪纸、毛麻绣等民间艺术品。推进农文旅融合发展，建立苹果观光采摘园、创意园和由企业及个人产前认领果树的彩虹苹果园，大力发展休闲果业；建成集旅游、农事体验、休闲娱乐于一体的"中国苹果第一村"——永乡镇阿寺村。

五是做好品牌管理。健全区域公共品牌管理机制，对"洛川苹果"区域公用品牌采取授权管理，推行"区域公用品牌+企业自主品牌"捆绑式使用。建立洛川苹果品牌保护联动机制，由市场监管部门牵头，相关部门单位、协会配合，每年开展2场次以上大型线下打假维权活动。强化企业品牌打造，对全县60个企业、合作社自主品牌，指导其完成品牌包装的设计研发和规范使用各类标识标志，支持其坚持每年参与企业品牌价值评估，持续提升企业品牌市场知名度。

三、洛川县苹果特色产业振兴面临的困难和挑战

新时代新征程，面对新的发展要求，洛川县苹果产业高质量发展依然面临不少困难和挑战。

（一）自然灾害防控有待加强

农业往往靠天吃饭，极易受到自然灾害的影响。调研中各级干部和农户反映最多的就是果园的自然灾害防控问题，重点是霜冻和冰雹问题。洛川县所处渭北高原，近年来气候异常多变，倒春寒现象越发严重，夏季冰雹天气频繁多发。据估计，自2006年以来，由于强霜冻、冰雹等灾害性天气影响，每年造成果品直接经济损失达10多亿元。特别是2021年的冰雹，让不少农户损失惨重，原本3~4元/斤的苹果一下子就变成了0.3~0.4元/斤的残次果。一些区域的农户由于长期受到霜冻、冰雹影响，苹果种植一直未见效益，已经产生了转产转业的想法。总体上，在防冰雹方面，近年来通过防雹网和高射炮的方式，

已经初见成效，但是防雹网的配置率还相对较低；在防霜冻方面，当前还缺乏较为有效的防控方式，亟待加强探索；在防旱方面，亟须提前加强研究谋划。

（二）生产经营成本快速上升

苹果是劳动密集型产业，劳动力成本的上升，有助于提升当地农民的务工收入，但同时也会增加用工成本。当前，果业企业苹果套袋装箱人员的日均工资已经达到120元，农忙时一天工资达到150元，苹果套袋、摘果时期就是200元/天，有的果园还招不到人。有果农反映，今年一个苹果的套袋成本达到了9分多，比去年的6分增长了近一半，劳动力成本就要比去年增加一半。用工贵、劳动力不足，已成为洛川县苹果产业高质量发展的突出问题。除人工成本外，其他各项成本也在快速上升。据测算，2022年，洛川苹果的总成本为5792元/亩，而全国苹果生产总成本平均为5168元/亩，黄土高原优势区生产总成本平均为5061元/亩，洛川县苹果产业的生产经营成本已远高于全国和黄土高原区平均水平。

（三）三产融合程度不足

近年来，洛川县立足苹果产业，抓住三产融合的发展趋势，加快延长产业链，引导企业发展苹果精深加工业，配套完善苹果关联产业，但从全产业链发展过程来看，洛川县三产融合发展还处于起步探索阶段，需要进一步加强。一是龙头企业带动能力较弱，市场竞争力不强。全县135个果业企业经营主体中，省级农业产业化龙头企业只有6家，暂无大型上市企业，总体经营规模偏小、集约化程度不高，带动作用不强，应对市场、抵御风险能力偏弱。二是农产品加工企业数量少、规模小、层次低。整个产业园区加工企业有9家，苹果加工以果醋、果脯和脆片为主，产品形式单一，产业附加值较低，深加工不足，未能产生规模聚集效应。三是农文旅融合发展不足。洛川县具有丰富的历史文化资源，拥有洛川会议遗址等红色旅游资源，拥有世界唯一黄土地质公园,但是相关资源尚未得到有效整合开发,旅游产业发展较为不足。

(四)科技创新集成推广不够

洛川县的苹果产业科技研发已具有良好的基础,但总体上,科技创新集成推广仍然不够,开展科研试验"各自为政"较多,系统合作较少,对于洛川县当地乃至延安市、陕西省苹果产业发展的科技支撑有待加强。一是品种研发和推广滞后。新品种的推广和应用目前还处于初步阶段,未得到市场广泛的认可,存在较大的提升空间。二是苗木基地建设相对缓慢。洛川县目前更新替换的苗木多从外地引进,本土苗木发展相对滞后。三是成套机械化生产设施设备研发滞后。在劳动力成本日益上升的新时期,综合性、集成性的技术装备研发较少。

(五)加大财政金融支持难度大

洛川县作为农业大县,面临着财政税收有限,产业发展和配套建设不完善等突出问题。长期以来,洛川县紧紧围绕苹果产业,积极争取各级财政专项支持,深入开展招商引资引进社会资本投资,每年财政支农资金保持在1.5亿元左右,金融支持保持在11亿元左右,但持续增强支持力度难度大。一是自有财政能力较为不足。2022年县级财政仅有8966万元,保运转困难,用于乡村振兴等涉农资金十分有限,这也造成政府专业人才引进、教育和医疗等各个方面受财政资金"掣肘",阻碍县域经济发展。二是农村金融创新有待加强。洛川县苹果产业效益较高,农户、企业等各方面的融资需求较为强烈,但是当地金融创新较少,仍以执行国家政策为主,农户果园改造、果商设备升级等方面的融资难问题较为突出。在灾害保险方面,由于县级财政有限,理赔标准有待提高。

四、洛川县苹果特色产业振兴的启示与建议

（一）洛川县苹果产业振兴的启示

产业振兴是乡村振兴的重中之重。发展乡村特色产业，是拓宽农民增收致富渠道、巩固拓展脱贫攻坚成果、全面推进乡村振兴的重要方式。洛川县苹果产业的发展实践，对于全国其他地区的特色产业发展具有重要的参考借鉴价值，特别是具有类似产业结构特征的脱贫地区、欠发达地区。

在发展观念层面，坚持一县一业、久久为功。产业发展壮大需要一定的市场规模，实施一县一业，深入发掘和利用地方特色资源，找到最适合当地经济发展的产业，有助于更好集成资源要素，提高特色产业的效益和规模，打造具有市场竞争力和可持续发展能力的特色产业，带动全县经济快速发展。同时，乡村产业发展有其客观规律，不能急于求成，不可能一蹴而就，只有保持定力，久久为功，一张蓝图干到底，才能让乡村产业持续健康成长。特别是在市场波动比较大的时候，产业发展不景气的时候，更需要稳住阵脚，锚定既定目标不松懈。洛川县历届县委、县政府始终秉承"换届不换方向，换人不换劲头"的决心，紧盯苹果产业不动摇、不折腾，致力于打造"中国第一、世界驰名"的洛川苹果品牌，一任接着一任干，持之以恒、久久为功，不断推动苹果产业转型升级，终于把"小苹果"做成了"大产业"。推进乡村产业振兴，要因地制宜选准具有资源特色优势的产业，并锚定主导性特色产业，积极发挥有为政府和有效市场作用，扎扎实实推进特色产业不断发展壮大。

在工作方法层面，坚持规划先行、全产业链发展。稳妥推进乡村特色产业发展，科学规划是前提，全产业链发展是关键。产业发展规划是产业高质量发展的战略性决策，是实现长远发展目标的指导性纲领，只有方向选对了，才能拥有未来。全产业链是研发、生产、加工、储运、销售、品牌、体验、消费、服务等全环节和各主体紧密关联、有效衔接、耦合配套、协同发展的有机整

体，是推进特色产业发展从抓生产向抓链条、从抓产品向抓产业、从抓环节向抓体系的巨大转变，其实质是将以农业农村资源为依托的二三产业尽量留在农村，把农业产业链增值收益和就业岗位尽量留给农民。全产业链发展也是多元化生态理念的重要体现，有助于规避某一环节突发重大事件带来的全局性可能风险。洛川县在培育壮大苹果产业的发展过程中，始终以规划为引领，以延链、补链、强链为重点，积极构建科技研发链、标准基地链、仓储加工链、品牌营销链、社会化服务链、果畜循环链、数据信息链，既促进了果农的增收致富，也促进了县域经济的可持续发展。做大做强乡村特色产业，要与时俱进编制好产业发展规划，稳步推进研发、生产、加工、销售、信息全产业链发展，真正实现强县富民。

在推进节奏方面，坚持典型引路、示范带动。事物的发展演变都需要时间的积累，特别是人们对于新生事物的认识和接受都需要一个过程。通过建设示范项目、试验示范区、完善政策环境、加强人才培训、推广成功经验等方式，可以较为有效地促进乡村特色产业的可持续发展。洛川县在苹果产业新品种、新技术、新模式、新方法的推广应用中，聚焦果农、果商急难愁盼问题，充分利用典型引领方式，培育种植大户、引进龙头企业、扶持社会化服务组织、建设标准化果园、示范推广最新自然灾害防控技术等，促进了苹果产业不断迭代升级，持续提升了产业质量效益和竞争力，实现了从专业大县到产业强县的华丽转变。新时代新征程要持续完善示范带动机制，聚焦关键瓶颈、突出问题，强化创新示范，以点带面，确保特色产业持续稳定健康发展。

在要素保障方面，坚持改革创新、合力攻坚。改革是社会经济发展的重要法宝，创新是经济社会发展的原动力。惟改革者进，惟创新者强，惟改革创新者胜。分则散、聚则强，唯有合力攻坚才能行稳致远。洛川县紧紧围绕苹果产业，全方位动员内外部力量，坚持将改革创新贯穿于苹果产业发展全过程，不断优化产业管理体制机制，积极争取整合各类项目资金，深化金融保险、农村集体产权制度等改革探索，推动生产组织方式变革，不断增强发展动力、激发发展活力。发展壮大乡村特色产业，全面推进乡村振兴，都要持续深化管理服务体制机制改革，创新技术模式和发展方式，切实激活主体、激活要素、激活市场。

（二）进一步促进洛川县苹果产业高质量发展的建议

一是完善自然灾害防控体系，提高防灾减灾能力。加强政府与高校、科研院所以及气象部门协作，通过5G、物联网、云计算、大数据和人工智能精确获悉天气变化情况。健全农业和民政、应急管理、银行等其他部门的信息共享机制，减少信息传递滞后产生的交易成本。加强防灾技能的科普宣传，积极发挥村委和群众在防灾减灾中的主体作用。建立人才奖励基金和奖励制度，对苹果产业发展中防灾措施取得显著成效和做出突出贡献的人才给予及时表彰和激励。

二是转变生产经营方式，提高生产效率。加快培育社会化服务组织，充分依托现有的村集体组织，有效发挥组织优势，更好发挥"统分结合"双层经营体系中"统"的作用，有序推进生产经营活动的组织化、规模化，通过规模化来降低生产成本。加快构建组织高效的劳务服务市场，在套袋、摘果等农忙季节，协助农户从周边县市组织闲散劳动力来洛川县务工增收，逐渐形成有组织、有影响、有品牌的劳务协作关系，成为带动区域共同富裕的重要抓手和载体。加大农业科技成果转化和应用，逐步推进矮化密植和机械化、智能化生产。

三是创新三产融合模式，提升全产业链价值。打造以园区建设为重点的产业融合载体，创建乡村产业融合发展示范园，引导东部地区农业制造业有序向西部特色产业集中区组团式转移，形成多主体参与、多要素聚集、多业态发展格局。积极培育龙头企业，引导龙头企业开展深加工产品的开发和市场推广，逐步提升洛川苹果全产业链价值，重点加快果醋饮、果酒等市场开发。积极探索乡村旅游新模式，充分发挥红色旅游、田园乡村、传统民俗、电商网红等资源优势，深化农村产权制度改革，积极引导企业、工商资本参与新一轮建设和开发，将乡村建设成农民的家园、城里人的乐园。

四是强化科技创新集成推广应用，引领产业发展新方向。加强现有科研平台之间的协同与整合，在进一步明确各自职能分工的基础上，聚焦重点科技难题，加强协同攻关。加强对外协作，在种苗培育、人才技术支撑等方面加强交流合作，积极培育本县专业技术人才，大力开辟周边技术服务市场，持续增强苹果产业技术服务能力。加强技术集成示范应用推广，选择一些积极性较高的农户和果园，支持开展最新技术装备应用试点试验，逐步探索形成集成性、综合性生产设施设备和技术操作规范体系。充分利用5G技术，加快推动特色产业全产业链数字化转型，让信息在产业发展过程中发挥更加重要的作用。

五是优化完善财政支持政策，全面推进乡村振兴。中央层面持续加大对脱贫地区的财政转移支持力度，优化脱贫攻坚与乡村振兴有效衔接资金管理办法，拓宽资金使用范围，赋予地方更多的资金统筹使用权限，统筹用于乡村产业、乡村建设、乡村治理，不要"一刀切"规定资金用于支持产业或乡村建设的比例。完善财政扶持政策，多采取"以奖代补、先建后补"等方式，支持现代农业产业园、农业产业强镇、优势特色产业集群及农产品仓储保鲜冷链设施建设，更好引导社会资本参与。持续深化金融和土地制度改革，创新贷款担保和信用体系，更好盘活农村闲置资源，特别是用好农村的土地资源，为全面推进乡村振兴提供资金保障。

执笔人：张　斌　胡宇轩　刘　璇　王昕天

第十章 | 发挥生态资源优势发展县域经济：饶河案例

县域是新型城镇化和乡村振兴的主战场，县域经济是联结城市经济和乡村经济的重要纽带。2016年5月，习近平总书记到黑龙江省考察时强调，林区转型发展既要保护好生态，也要保障好民生。习近平总书记指出，"生态就是资源，生态就是生产力"。黑龙江省双鸭山市饶河县位于我国东北边陲，乌苏里江中下游，与俄罗斯隔江相望，是以"一产"为主的"老少边穷"典型县域。饶河县有22个民族，辖内的四排赫哲族乡是全国仅有的三个赫哲族乡之一，也是全国唯一的"中国赫哲族民间文化之乡"。为系统考察饶河县发展县域经济的主要做法、面临挑战等，调研组于2023年6—7月，赴饶河县开展蹲点调研，实地走访了9个乡镇20个村、4个专业合作社、2个林场、1个农场以及10余个农户、创业主体、企业等，跟饶河县26个部门座谈交流。总的来看，饶河县探索出了一条发挥生态资源优势的"生态立县"独特路子，取得了明显成效，为全面推进乡村振兴打下了良好基础，其"兴边富民"经验对其他边境地区发展具有借鉴意义。

一、县情概况："老少边穷"特征明显

（一）国家一类革命老区县

饶河县是黑龙江省58个革命老区县之一，是全省12个国家一类革命老区之一，是东北抗联重要根据地之一，是抗联第七军主要战斗的地方。近年来，

饶河县围绕革命老区历史和遗迹，通过发展红色旅游产业弘扬红色文化，开展了"一切为了前线、一切为了胜利""烽燧岁月"等主题教育，以多种形式和活动"传承红色基因，赓续精神血脉"。

(二)少数民族特色县

饶河县民族文化厚重，全县有22个民族，有1个赫哲族乡和3个朝鲜族村，其中四排赫哲族乡是全国仅有的三个赫哲族乡之一，也是全国唯一的"中国赫哲族民间文化之乡"。饶河县是赫哲族的主要聚居地之一，赫哲族人在这里临山而居、择水而渔、夏捕鱼作粮、冬捕貂易货，创造了灿烂的渔猎文化，向世人证明了"渔猎经济也能孕育古代文明"。乌苏里江边上的四排赫哲风情园就是赫哲族最靠近东方的一个聚落。朝鲜族村落有饶河镇岭南村、小佳河镇永丰村等，其中永丰村300多人口中约95%是朝鲜族人。

(三)双"唯一"边境县和口岸县

饶河县是黑龙江省18个边境县之一，与俄罗斯比金市直线距离17千米，饶河口岸与俄罗斯波克洛夫卡口岸相距仅760米，是中俄对应城镇距离最近的口岸。该县地处东极枢纽，是乌苏里江流域唯一将县政府治所设置在界江边的县级区划，也是双鸭山市唯一的对外开放口岸，业务范围辐射俄滨海、哈巴边区。饶河中俄互市贸易区运营以来，累计实现贸易额1.37亿元，过货量2.81万吨，新增就业200人，带动相关行业就业1500人。

(四)中部地区国家级脱贫县

饶河县在2002年被确定为国家级贫困县，截至2017年底，全县31个贫困村全部达到"三通三有"标准出列，原建档立卡贫困人口370户618人，其中257户409人脱贫，贫困发生率降至0.36%。2018年8月，黑龙江省政府批准饶河县摘帽退出。截至2023年6月，饶河县全国防返贫监测信息系统有脱贫户286户

442人，监测户16户32人，其中监测户中有1户2人因突发严重困难而未解除监测风险，其余15户30人为已解除监测风险户。

（五）县域经济以第一产业为主

饶河县全域都是东北黑蜂国家级自然保护区，发展工业受到限制。2022年，饶河县全年实现地区生产总值713373万元，比上年同期增长4.4%。其中，第一产业增加值466009万元，第二产业增加值35473万元，第三产业增加值211890万元，三次产业构成比例为65∶5∶30（第一产业的比重高）。由于饶河县以农业为主，税收来源少，是典型的财政收入"穷"县。2022年，饶河县一般公共预算收入2.10亿元，一般公共预算支出21.85亿元，财政自给率仅为9.62%。

二、挖潜力：识别和挖掘多元化生态资源优势

习近平总书记强调"山水林田湖草是生命共同体"。生态环境没有替代品，用之不觉，失之难存。绿水青山既是自然财富、生态财富，又是社会财富、经济财富。绿水青山就是金山银山，是重要的发展理念，还指明了实现发展和保护协同共生的新路径。山水林田湖草等生态资源构成了丰富的生态系统。

（一）"山"的资源优质

饶河县内有大顶子山、小南山、喀尔喀山等适于发展产业的山资源。大顶子山位于饶河县城西北19千米，最高海拔801米，为县内第二高峰。《乌苏里船歌》中那句"白云飘过大顶子山"歌颂的就是这里。小南山山体紧邻乌苏里江边，由北而南，逐渐隆起，西高东低中间呈马鞍状，绵延一千米，最高海拔106米，是中华北方人类文明的发祥地。考古专家在这里发现了13000年前新石器时期古人类活动的遗址，断崖下还发掘出7具猛犸象牙齿及打砸石器，证

明了饶河县在一万年前即有人类世居。山上还建有抗日英雄纪念碑，高16.6米的抗联战士石雕像巍然屹立。喀尔喀山位于饶河县境内，占地面积109平方千米，以独特的玄武岩喀尔喀地貌闻名。

（二）"水"的资源丰富

饶河县境内有乌苏里江和挠力河两大水系，均属于黑龙江水系。饶河县境内有1江39河，乌苏里江为县境内最大的河流，发源于俄罗斯境内，由南向北注入黑龙江，河流全长719千米，总流域面积18.7万平方千米，乌苏里江南至外七里沁河流入饶河县境内，流经境内长度128千米。乌苏里江是世界上公认没有污染的河流之一。水域宜渔自然水面达12万亩，水产资源可利用空间广阔，水产品品质优良，以"三花五罗"为代表的乌苏里江名特优品种丰富，有"饶河归来不吃鱼"的美誉。

（三）"林"的资源富集

饶河县南依完达山余脉、东傍乌苏里江，林地面积超过30万公顷，其中适合发展林业经济的面积约10万公顷。森林中多属针阔混交林，树种多、材质好，有红松、水曲柳、杨、柞、椴、桦等树木几十种，既是黑龙江省天然林区之一，又是全省重要的木材集散地。近年来，饶河县大力推动中药材产业发展，截至2022年底，全县中药材种植面积达6.08万亩，其中桔梗0.08万亩，刺五加2.53万亩，人参2.23万亩。

（四）"地"的资源优渥

饶河县是典型的农业县，境内耕地474万亩，其中县属耕地面积136.5万亩，耕地平坦，耕层深厚，土壤结构及基础肥力较好，种植业区域跨第三、四积温带，气候温热，雨量充沛，日照充足，适宜多种农作物生长。土壤有机质含量达到7%，高于黑龙江省平均水平3.8%近一倍，约是黄土的20倍。杀虫剂用量是全国平均水平的1/7，每亩耕地化肥施用量是全国平均水平的1/3。饶河县是国家级食品农产品质量安全示范区、全国绿色农产品原料标准化生产基地。

（五）东北黑蜂的唯一性

独特的饶河东北黑蜂起源于1918年养蜂人邹兆云从俄罗斯驮进的15桶黑色蜜蜂，至今已有100多年的历史，是我国自然选择与人工培育的唯一地方优良蜂种，是我国乃至世界不可多得、极其宝贵的蜜蜂基因库。饶河东北黑蜂国家级自然保护区建立于1980年，1997年晋升为国家级，是中国乃至亚洲唯一的为保护蜂种而设立的自然保护区。饶河东北黑蜂系列产品是我国首批原产地地理标志保护产品，曾荣获"第33届国际养蜂大会暨国际蜂产品博览会"金奖和欧盟有机食品组织认证。

三、谋出路：多元路径推动县域发展和乡村振兴

高质量推动县域发展，全面推进乡村振兴，关键在于发展县域产业，促进县域百业兴旺。饶河县立足"山"优质、"水"丰富、"林"富集、"地"优渥、少数民族文化和红色文化底蕴深厚的丰富生态资源优势，选准"生态立县"总体方向，有效利用好县域内各类生态资源，推动生态资源价值实现。

（一）因地制宜，实施"四基地一窗口"战略

饶河县基于独特的自然资源、生态环境、民族特色、历史文化等优势，制定实施了"四基地一窗口"乡村振兴战略。

一是做精黑蜂产业标准化示范基地。依托饶河东北黑蜂国家级自然保护区，推动黑蜂产业发展，建立"饶河东北黑蜂"地理标志产品保护示范区，实现产能2000吨，年产值2.5亿元。

二是打造赫哲风情农文旅融合发展示范基地。依托赫哲少数民族文化和乌苏里江生态资源，建设"乌苏里船歌"乡村振兴示范区，打造乡村旅游景点和文化体验带，预计每年吸引游客30万人。

三是做优乌苏里江优质鱼养殖加工示范基地。依托乌苏里江水系资源，发展乌苏里江优质鱼养殖加工，年产值达1.8亿元。

四是建设优质农林产品产加销一体化发展示范基地。推动蜂蜜、山野菜、中草药、鲜食玉米等优质特色农林产品的产加销一体化发展，建设加工基地，以电商直播基地带动地方特色产品销售。

五是创建龙东互市贸易示范窗口。依托饶河经济开发区和口岸基础设施，建设中俄互市贸易落地加工产业园区，推动口岸资质申报和贸易结构优化，加深对俄经贸合作。

(二)勇于突破,电商引领乡村产业发展

饶河县地处边疆，交通条件差，为推动县域特色产品走向全国、走向世界，该县致力于推动电商产业转型升级。

一是打造电商直播基地，降低物流费用。打造了集直播、选品、孵化、仓储物流等服务于一体的综合性电商直播基地，涵盖七大品类500余种县内优质农林产品。物流包裹寄递费控制在5千克以下4.5元/件、1千克以下3.5元/件，形成产品距离最远、价格最低的产业发展优势，电商智能分拣仓已发货包裹超过210余万件，盘活了一批地方企业。

二是加快线上商城建设，助力农产品销售转型。组建县属国企独立运营"泽饶臻选"农产品电商平台，在京东、天猫等第三方平台建立县域馆和旗舰店，组建助播、策划、拍摄、剪辑和客服一体化服务的专业电商团队，为入驻主播提供全方位服务。

三是优化产品营销体系，拓宽产品对接渠道。重点打造"饶河东北黑蜂""饶河大米"等一批区域公共品牌，制定区域公共品牌规划及饶河东北黑

蜂蜂蜜产品质量标准,做好品牌背书和市场培育,释放饶河县农特产品品牌电商效应。参与饶河东北黑蜂节、哈尔滨国际经济贸易洽谈会等推介活动,组织企业参展推介产品。

四是强化政策扶持奖励,建设本土电商队伍。制定《饶河县关于推进线上线下互动创新协同发展的实施方案》,支持政策涵盖公司注册、检验检测、标房补贴、贷款贴息、产品溯源、销售奖励等17个方面。2023年上半年开展8期电商培训班,培养本土电商人才320余人。截至2023年6月,全县共有电商企业68家、电商网店1400余家。

(三)稳中求进,培育壮大农村集体经济

饶河县高度重视农村集体经济发展,将村级集体经济组织视为盘活农村资源、推进乡村振兴的重要主体。

一是推进农村集体产权制度改革。完成农村集体产权制度改革,成立了85个新型农村集体经济组织,统一管理村集体资产和资源,承担发展壮大农村集体经济的职能。

二是整合资金,增加集体经营性资产。将国有和集体权属不清的土地划归村集体管理,开展清资产、清资源、清合同,化解涉农矛盾纠纷和不良债务,收取新增土地资源费用等工作。整合涉农资金投入产业项目,扩充集体资产。截至2022年底,整合涉农资金6209万元,用于发展绿色水稻、食用菌、中草药、果蔬种植、光伏发电等产业,增加集体收入。

三是加强集体资产监管,防止资产流失。定期督导检查村集体产业项目、资金和资源管理情况,发挥党组织和村务监督委员会作用,严格执行监管制度,确保农村集体资产安全。严格审核把关财政扶持村级集体经济发展专项资金项目,建立资金使用预报告和项目进度季报告制度。

四是探索多种途径,持续壮大农村集体经济。推动农村集体经济组织通过盘活集体资源、规范运营产业、结对共建帮扶、能人示范带动"四条路径"

持续壮大集体经济，涌现出三义鲜食玉米、关门东北黑蜂、四排文化旅游等一批发展态势良好的"产业兴旺村"。截至2022年底，集体经济收入20万元以上的村占85.1%。

（四）多措并举，大力发展农业社会化服务

饶河县将农业社会化服务作为提升农业生产效率和农民收入的重要抓手，采取多项措施推动农业社会化服务。

一是筛选优质社会化服务主体，服务面积大幅增加。2023年通过自愿申报、村级推荐、乡镇审核、县农业农村局复审等程序，选出22个农业社会化服务主体，跟655户农户签订托管合同，服务面积达29.79万亩，较2022年增加24万余亩。

二是建设农经大数据平台。将相关信息录入农经大数据平台，利用GPS定位设备和手机App，让托管农户能够实时查看农机作业进展。通过创新监管方式，提高了奖补资金拨付的时效性，调动了服务主体的积极性。

三是大力推广种植业保险，解除农户后顾之忧。调查发现，很多农户由于担心产量太低而不敢把土地交给社会化服务组织种植。2023年，饶河县积极推动"共富保"保险，农户和村集体按照1∶5比例分担保费，截至6月参保农户有10625户。

四是发挥农垦优势，推动农业生产模式升级。利用农垦在机械、技术、生产模式等方面的优势，整合生产资源，开展垦地合作项目。与北大荒、红兴隆、建三江等农垦集团合作，在多个乡镇打造示范田和示范点，推广农业生产标准化种植。

（五）加强服务，发展庭院经济助力农户增收

调研发现，饶河县一些村庄启动了"菜园革命"，有的农户在庭院种植鲜食玉米、毛葱、木耳；有的农户在房前屋后养殖黑蜂、梅花鹿、湖羊、鸵鸟等

特色动物；有的农户发展民宿和餐饮业，庭院经济呈现多业态多点开花态势。当前，饶河县为庭院经济高质量发展提供了多项政策支持，使其成为农户的一项重要增收来源。

一是明确产业方向。根据饶河县农村生产生活特点，重点支持发展绿色蔬菜、特色瓜果、中草药、食用菌、东北黑蜂等庭院种养殖业，鼓励有条件的农户开展农副产品加工、手工业生产、观光娱乐、度假休闲、电子商务、农家乐等庭院经济项目。

二是加强技术支持与指导。以农技推广体系、大专院校、农业科研院所专家为核心，分区域组建专家技术团队，加强庭院种植技术指导，开展新品种、新技术、新模式、新工艺的试验示范、推广应用。选择适销、专优品种，强化良种良法配套、农机农艺融合，促进庭院经济组织化、标准化、专业化、绿色化发展。

三是给予生产资料购置支持。对有意愿发展庭院经济的脱贫户，在其发展庭院种植、养殖、小商贸服务业的过程中，提供政策优先支持，给予脱贫户购买生产资料金额60%的补贴，最高补贴1000元/户。

四是拓宽庭院产品销售渠道。县工商联组织县内大福园、远东购物广场、乐佰客等超市与脱贫户签订"农超对接"协议，免费代售或收购农户庭院生产的农副产品。鼓励农户利用网络平台，通过微信朋友圈、网络直播等方式拓宽销售渠道。截至2022年底，全县菜园革命种植面积达到1785.95亩，高标准打造菜园革命示范村52个。

四、寻短板：高质量推动县域发展面临的挑战

在近年来的改革发展实践中，虽然纵向比，县域经济发展取得了长足进步，但作为边境县与先进地区比还处于发展相对滞后的状态，还面临着制约高质量发展、亟待破解的瓶颈问题。

（一）产业发展基础略显薄弱

饶河县的经济总量小、产业结构不优、发展基础不牢。特别是工业企业规模较小，存在产业链条较短、竞争力不强、辐射力不够、带动力较弱等问题。

一是农业产业结构单一，特色产业发展滞后。2022年县域GDP实现71.3亿元，一二三产业占比分别为65%、5%和30%，一产大、二产小、三产弱现状尚未得到根本改变。一产中仍以粮食作物为主，林下经济、畜牧业、渔业等特色产业发展缓慢。

二是农产品加工业发展薄弱，竞争力不强。截至2023年6月，全县共有农副产品加工企业35家，其中规上企业仅有9家，能够带动大批农户的龙头企业较少，农产品深加工能力不足，品牌带动作用不明显，产品附加值较低，市场认可度有待提高。

三是电商和旅游等服务业发展面临较多困难。电子商务是饶河县乡村产业振兴的重要带动力量，但产品种类少、体量小，电商运营人才短缺等制约了电商产业的进一步发展。同时，饶河县与周边县域存在旅游资源同质化，且交通不够便利、配套设施不够完善、旅游服务不够规范，2023年上半年旅游人次恢复到疫情前同期的60%左右，实现旅游业跨越式发展任重道远。

（二）人口外流和老龄化严重

一是人口外流问题日益凸显。饶河县属于人口净流出县，农村人口流出尤为严重。2020年第七次人口普查全县总人口130519人，对比第六次人口普查，10年间净流出人口19113人，占总人口的15%。以饶河镇岭南村，小佳河镇东鲜村、永丰村3个朝鲜族村为例，2022年常住人口总数仅为82人，较2012年下降51.2%。

二是人口老龄化问题严重。由于大量青壮年劳动力外出务工，生育率水平较低，2022年全县出生率为2.11‰，自然增长率为-6.8‰，缺少新生人口的有效补充。农村人口老龄化日趋严重，村庄调查显示，农村40岁以上人口超过80%，60岁以上老人超过50%。

可以预见，人口流失与人力资源减少、消费水平下降相伴而生，经济状况出现下行与疲软无法避免，导致县域经济增长动力不足，发展相对滞后。

（三）县乡人才队伍建设乏力

2022年虽然制定了《饶河县"边城聚才"政策27条（试行）》，提高了各类人才在生活补助、安家补助等方面的待遇，但对专业技术人才的吸引力依然不足。

一是公共事业专业人才不足。截至2023年6月，饶河县各领域专业技术人才仅有2284人，2022年事业单位公开招聘引进172人，流失32人，流失率达到19%。特别是医疗卫生专业人才更是引进难、留人难，近年来累计外流16人，2023年全县计划引进教育医疗等专业领域人才34人，仅17人签订意向性合同。

二是乡村振兴各类人才短缺。村干部年龄偏大、学历低，全县农村党员年龄40岁以下的仅16人，大专以上学历的仅33人，在乡村产业发展上缺乏思路，引领发展能力不强，限制了乡村产业发展。缺少专业人才是制约饶河县乡村振兴的共性问题，尤其是缺少农业技术人才和运营管理人才。

（四）重大基础设施不够完善

饶河县是经济欠发达的边境地区，近年来虽然在铁路、机场、江桥等重大基础设施上不断加大推进力度，但受到国家规划审批、资金筹措等制约尚未取得实质性进展，目前仍没有通铁路或高等级公路，限制了县域物流、人流体量，地处偏远和落后的交通状况已成为制约产业发展和项目建设的主要瓶颈。

（五）特殊地理位置制约发展

饶河县98%的县域面积在东北黑蜂国家级自然保护区和湿地保护区内，一些产业项目、基础建设项目审批受到严格限制，涉及风电、光伏等能源，以及交通相关领域项目环评、征占林地手续无法办理，致使部分项目难以落地，经济发展路径受限，发展方式较为单一，很难形成新的经济增长点。同时，受保护区限制，全县料场全部禁止开采，用料只能在外采购，直接影响了项目建设进度并增加了建设成本。如何兼顾自然保护区的保护和经济发展，使其相得益彰成为饶河县域发展和乡村振兴面临的突出难题。

五、思良策：推动边境县域发展的相关建议

饶河县作为"老少边穷"县域具有代表性，其推进县域发展和乡村振兴所面临的很多困难和挑战具有普遍性，但作为近乎全域的自然保护区和湿地保护区又具有特殊性。推动边境县域高质量发展，助推乡村全面振兴，需要凝聚各方共识，多措并举综合施策。

（一）综合施策加大边境县域产业发展支持力度

一是加大对边境县产业发展的政策支持力度。结合边境县资源禀赋和区位条件，引导产业集聚发展，将产业链留在边境县，让边民就近就地就业。加快完善边境县现代农业产业体系和生产经营体系，提高农业致富能力。

二是着力培育边境县特色农林产业。积极探索扩大林下经济适宜范围，支持村集体、企业和农户联合与合作，布局和牛、湖羊、鸵鸟等特色品种的规模化养殖及中草药生态种植。

三是强化农林产品加工业发展。依托饶河口岸，在园区建设、口岸资质等方面争取更多的政策倾斜，引导产业向园区集聚发展；围绕黑蜂、林下产品、

渔业等特色产业，持续引进并重点支持在产品深加工和品牌管理上有优势的龙头企业，提升产业链品质和竞争力。

四是推动电商和旅游产业升级。加强电子商务培训，提供创业支持，吸引更多农民和乡村企业参与电商平台。引导生态资源、文化遗产、民族历史和红色资源紧密结合，扎实改善旅游基础设施，开发农业观光、亲子农场、乡村体验等多种服务，加强旅游营销推广，创响饶河文旅品牌。

五是支持边境县口岸经济发展。在拓展口岸资质、口岸基础设施建设方面给予边境口岸更多的政策倾斜和帮扶，助力边境县构建内外贸融合发展模式。

(二)多措并举减缓边民外流和人口老龄化趋势

一是优化强化边民戍边奖补制度。建立边民分级分档补助机制，完善边民补贴发放办法，扩大边民补助发放范围。将边民补助发放与边境居住年限相挂钩，适当提高长期扎根在边境一线的群众补助标准。

二是提高边境县均衡性转移支付比例。推进边境县"兴边富民"和稳边固边相结合，解除边民生产生活的后顾之忧。加快出台政策强化边境县社会综合管控，丰富文化生活，提升边民生活质量，改善边地民生，让社会进步和经济发展的成果惠及边境居民。

三是引导青年人才返乡就业创业。制定政策吸引懂市场、有技术、善经营的青年人才返乡创业，提供创业支持和优惠政策，鼓励年轻人在县域内就业创业，活跃县域民营经济。

(三)加大力度狠抓内外部人才引育工作

一是加大对边境县本土人才培育扶持力度。在人才政策待遇方面给予一定倾斜，提高边境津贴等补贴标准，扩大边境地区机关事业编制数量，吸引更多人才到边境发展。

二是加大对边境县外部人才引进支持力度。选派有志于农村工作的大学毕业生到边境农村挂职担任"村官"，带领村民发展生产，改变贫穷落后的状况。

三是加强农村党员队伍建设。定期组织党员干部赴先进地区交流学习，拓宽其发展乡村产业的视野，提升能力。对带富能力强、发展集体经济成效显著的带头人，按照收益比例分红，充分激发其干事创业热情。发展年轻化、专业化的党员，提高乡村领导能力和决策水平。

四是加强农民技能培训。联系省内外优质师资对农民开展培训，提升农民的生产技能和经营管理能力，推动乡村特色产业的发展。

（四）强化边境县重大基础设施和物流体系建设

一是为边境县提供重大基础设施建设倾斜支持。加大对边境地区铁路、机场、江桥、高等级公路等重大交通基础设施、农田水利建设的投入力度，提升边境地区发展潜能。

二是进一步完善边境县域物流体系。出台政策支持边境地区商贸物流基础设施配套建设，打通边境地区商贸物流"最后一公里"，提升物流便利性，助力降低物流寄递费用，促进边境地区县域经济发展。

（五）推动生态资源转化为生态经济

转变县域经济发展思路，坚决走好生态立县的发展道路，围绕生态资源做文章，系统谋划，变劣势为优势，挖掘自然保护区经济增长潜力，深入探索绿色种植养殖业、农产品加工业、旅游业与自然保护区协调发展的可持续发展模式，推动自然保护区生态资源转化为生态经济，构建政府、村集体、企业、合作社和农户等多方合作共赢的利益联结机制，激发县域发展活力。

执笔人：何安华　秦光远　郭　铖　于思凡　康宇鹍

第十一章 | 弘扬红旗渠精神促进 乡村振兴：林州案例

　　林州市（林县）是红旗渠精神的故乡和发祥地，也是新时代红旗渠精神的积极践行者，中国式现代化的一类经典范例。21世纪特别是党的十八大以来，勤劳、智慧的林州人民继续谱写红旗渠精神的现代化篇章，在习近平新时代中国特色社会主义思想的引领下，在党中央的坚强领导下，团结奋斗、自觉贯彻新发展理念，实现了从"战太行"到"出太行""富太行""美太行"的接力赛，这也是中国式现代化在不同社会阶段的生动体现。为深入学习和理解新时代红旗渠精神，特别是深入学习和理解新时代红旗渠精神在巩固拓展脱贫攻坚成果、有效衔接乡村振兴方面的积极作用，河南农业大学课题组一行于2023年6月深入林州市各乡镇、街道的乡村和社区，展开了为期一个月的蹲点调查。课题组分别从巩固拓展脱贫攻坚成果、农村人居环境建设、县域产业发展和基层治理体系建设四个方面对林州市的现状和发展趋势进行了考察，并始终关注红旗渠精神在其中的作用发挥。

　　经过实地调研和系统分析后，课题组一致认为，林州市在巩固拓展脱贫攻坚成果方面的各项工作成效显著。各项措施和工作机制科学合理，有效防范了脱贫户返贫的风险，为全面推进乡村振兴阶段的工作提供了坚实基础。新时代红旗渠精神与延安精神在理论底蕴、精神气质和实践品格三个方面一脉相承。新时代红旗渠精神集中体现在对党的基本理论、基本路线、基本方略的贯彻，对党中央决策部署的落实，以及对国家战略的践行和创新性发展方面。

　　林州市巩固拓展脱贫攻坚成果和有效衔接乡村振兴的具体实践，就充分体现了以上方面的内容。首先，得益于习近平新时代中国特色社会主义思想的科学引领。林州市巩固拓展脱贫攻坚成果与有效衔接乡村振兴的实践，贯彻了习近平总书记关于脱贫攻坚、巩固拓展脱贫攻坚成果和有效衔接乡村振兴工作的系列科学论述，有力地执行了党中央的各项决策部署。其次，得益于新时代红旗渠精神的强大精神动力，即红旗渠精神在新时代的传承和弘扬。新时代的红旗渠精神集中体现在林州人民对党和对国家战略的创新性发展方面。无论是脱贫攻坚和巩固拓展脱贫攻坚成果，还是生态环境保护和人居环境建设，林州市的落实、执行均果断、坚决和有力，充分体现了红旗渠精神的实践品格和强大精神动力。最后，得益于林州人民在新时代的创造性实践。林州市巩固拓展脱贫攻坚成果卓有成效，得益于林州市政府和各级党组织执行中央政策有力，工作思路清晰、工作机制健全；得益于林州市基层党组织和村（社区）组织的积极参与和大力支持；也得益于社会组织和社会各界积极分子、乡贤的积极参与和大力支持。

一、有效衔接：巩固拓展脱贫攻坚成果

脱贫攻坚是解决乡村振兴的前端问题与底线短板，乡村振兴是对乡村地域整体功能的全方位诊断与优化，为乡村脱贫问题的解决提供全方案。2020年我国成功解决了绝对贫困问题，党中央将"三农"工作的重心历史性转向全面推进乡村振兴。想要实现全面乡村振兴的目标，就要做好有效衔接工作，将脱贫攻坚成果巩固好。

（一）新时代巩固拓展脱贫攻坚成果的理论依据

党的十八大以来，习近平总书记高度重视扶贫开发工作，提出了一系列新思想新观点新要求，形成了我国新时期扶贫开发战略思想。习近平新时代扶贫工作的难点与关键在于如何阻断贫困的代际传递。因此，我国分阶段制定了一系列针对性政策。习近平总书记在中国共产党第十九次全国代表大会上的报告中指出，实施乡村振兴战略，农业农村农民问题是关系国计民生的根本性问题，必须始终把解决好"三农"问题作为全党工作重中之重。这为巩固拓展脱贫攻坚成果同乡村振兴有效衔接提供了政策理论依据。

为推进农村地区脱贫之后的各项工作，习近平总书记也多次提到了"接续推进全面脱贫与乡村振兴有效衔接。脱贫摘帽不是终点，而是新生活、新奋斗的起点。要针对主要矛盾的变化，理清工作思路，推动减贫战略和工作体系平稳转型，统筹纳入乡村振兴战略，建立长短结合、标本兼治的体制机制"。有效衔接理论成为开展乡村振兴工作的逻辑起点，也为全面推进乡村振兴指明了方向。必须在巩固拓展脱贫攻坚成果的基础上，接续推进脱贫地区经济社会发展和群众生活改善。可以说，脱贫攻坚以来"三农"工作的一系列政策演进始终围绕着共同富裕的主线，全面推进乡村振兴旨在实现共同富裕，这恰恰是红旗渠精神的要义，是林州人民修建红旗渠的初衷。

（二）林州市巩固拓展脱贫攻坚成果的成效

2020年底，全市农村建档立卡贫困人口9260户24230人全部脱贫，易地扶贫搬迁人口共计2425户6492人。

持续提升居民各类保障成果。健康保障上，实施县域内"一站式结算"和"先诊疗后付费"，动态监测脱贫户和"三类人群"，通过防贫保险理赔、慢性病鉴定等措施，提升群众医疗保障水平。教育保障上，严格落实"一生一案"，全市脱贫家庭义务教育阶段适龄儿童少年无失学辍学现象。住房保障上，农村危房得到进一步排查和改造。饮水安全保障上，采取城区市政集中供水、连镇集中供水、群众自打水井等多种方式，完善农村供水保障体系。

织密筑牢社会兜底保障网络。一方面，严格落实各项政策措施，脱贫户继续享受县域内"一站式结算"和"先诊疗后付费"，实现医疗保障全覆盖。持续动态监测低保、特困、残疾等重点农户，每月定期预警、核实，加大临时救助、扶志扶智、社会帮扶落实力度。同时保持低保、特困供养等兜底保障政策的稳定性。另一方面，重视打造立体化就业平台，在兜底的基础上用就业激发农户的内生动力。今年以来通过"云上林州"开展线上招聘活动5次。举办"春风行动"暨"就业援助月"活动，提供就业岗位4900余个。线上线下招聘活动共提供各类岗位7600余个，达成就业意向1216人。

扎实推进乡村基础设施建设及公共服务。在完善基础设施方面，林州市通过全市集中供水工程覆盖城、镇共50万人口；全市城市天然气覆盖率达到95%，农村气化率达到70%；"三纵五横"国、省干线和"十纵十横"农村公路交通网基本形成；建成乡镇物流中心2处，乡镇网点15个，村级网点493个。在推进人居环境整治方面，林州市投入6.36亿元，发动群众累计达40万人次，完成背街小巷硬化635万平方米，清理陈年垃圾堆（带）3.5万处，整治坑塘、沟渠1443处，整治乱搭乱建8540余处，清理墙体广告（牌）5957个。在强化基本公共服务方面，招聘乡镇中小学教师、特岗教师290人，定向培养77人；新增乡村医生82名，农村订单医学生32名；建成社区日间照料中心40个，乡镇养老服务机构覆盖率达到95%。

（三）新时代红旗渠精神的彰显与内涵

红旗渠精神一直融在林州人的血液里、刻在林州人的骨子里。林州人民通过壮大集体经济、建设基层党支部等方式，全面预防返贫，实现了稳定增收致富。这些行动彰显了红旗渠精神的生动内涵：自力更生、艰苦创业、团结协作、无私奉献。随着时代的发展、社会的进步，红旗渠精神又有了新的、生动的诠释。

坚定党中央的领导与开拓进取。脱贫攻坚阶段，全国上下一盘棋，林州市深入贯彻落实五级书记一起抓的工作，提前完成脱贫攻坚任务。巩固拓展脱贫攻坚成果阶段，林州市根据中央相关规定，通过"巡—改—治"，探索出符合本地实际、有效实现稳定脱贫、提高基层治理水平的基层治理模式，开拓进取的新时代红旗渠精神得到了体现。

坚持以人民为中心与守正创新。"为了人民、依靠人民、敢想敢干"是红旗渠人的特质,当代红旗渠人也用行动谱写了一系列红旗渠新故事。渠畔经济、山地经济、乡贤经济等方面在全面推进乡村振兴过程中形成了新的模式和样态。20世纪80年代"十万大军过太行"的壮丽景象,推动了如今林州人民"美太行""富太行"的新时代创新性探索,描绘了林州人民守正创新的勇气和毅力。

艰苦奋斗、与时俱进与务实创新。林州市积极开展红旗渠精神"五进"系列活动,选树自强脱贫典型人物,不断发挥红旗渠精神引领和文化滋养作用。在脱贫攻坚阶段,动员全社会的力量精准施策,顺利完成脱贫攻坚任务;在巩固拓展脱贫攻坚成果阶段,干部带头干、社会组织跟着干、企业主体争着干、人民群众积极干,高效稳固了脱贫攻坚成果;在有效衔接乡村振兴阶段,林州市上下一心,依然发扬不服输精神,仍然在积极探索乡村振兴的林州路径。

二、塑形铸魂:卓有成效的人居环境建设

(一)人居环境建设的理论依据

习近平总书记指出,要科学把握乡村的差异性,因村制宜,精准施策,打造各具特色的现代版"富春山居图"。要发挥亿万农民的主体作用和首创精神,调动他们的积极性、主动性、创造性,并善于总结基层的实践创造,不断完善顶层设计。

人居环境和生态环境方面,林州市坚持习近平生态文明思想的理论指引,坚持以人民为中心的发展思想,践行绿水青山就是金山银山的理念,深入学习推广"千村示范、万村整治"工程经验,坚决落实国家的各项政策和措

施,筑牢生态保护底线,不断改善生态环境,持续改善城乡人居环境,积极推动人居环境整治工作的深入发展。

(二)林州市人居环境建设的成效与基本经验

林州市人居环境建设成效显著,也获得了广大基层干部和人民群众的肯定,人民群众的获得感和幸福感显著提升。如今,林州市的城乡面貌整洁、清新,"一眼净、满眼绿",在巍峨的太行山间和英雄的红旗渠畔,一幅新时代的"富春山居图"已经缓缓展开。林州市在人居环境建设方面的基本经验有以下四点。

1. 提高政治站位,坚持党建引领、系统推进

第一,领导带头,以上率下做示范。林州市四个班子领导深入联系点,同群众一起清理垃圾、清洁家园,广泛参与治理"六乱",开展"六清"工作,以实际行动激发广大群众参与环境治理的积极性。

第二,支部引领组织,发动群众。林州市以"五星"支部创建为抓手强化党建引领,发挥基层党组织战斗堡垒作用,通过志愿服务、农民夜校等载体,进一步组织群众、宣传群众、凝聚群众、服务群众,提高群众改善人居环境的知晓度、参与度,让群众清楚干什么、怎么干、干成啥,增强百万名群众的主人翁意识。

第三,党员先行,实干、担当。面对"断头路"等长期影响群众出行的难题,支部书记"两委"党员干部带头拆除自家的旧宅,做到自身自清,引导群众一起行动。

2. 建章立制、加强督导和调度,建立完善的工作机制

第一,加强三级核查,镇村两级对照方案自查问题,农业农村部门入村摸排问题,纪委督导专班对照摸排问题清单,逐村核查问题,确保工作任务的提出准确无误。

第二,加强三个调度,每周调度县级领导工作开展情况,每周召开市镇村

三级视频会议,播放暗访短片,交流工作经验,组建工作专班,实施空投图像,对标对表,攻克重点难点,确保各项工作高效推进。

第三,开展三个督导,县级干部抓谋划部署,每周协调、督导、联系、侦办分包村居工作情况;纪委监委成立20个督导组,每两周对20个镇办、582个村级单位进行全覆盖、无死角专项督导检查;农业农村部门组建10个督导组,常态化明察暗访,及时发现问题、解决问题。

3. 多元投入,强化资金保障机制

第一,加大财政投入,连续三年将市本级新增财力全部用于乡村建设,累计投入资金29.8亿元。

第二,创新金融服务,依托红旗集团在全省率先与金融机构开展战略合作,与国开行合作规划开发投资24亿元的乡村振兴项目。

第三,吸引社会投入,发挥中国建筑之乡优势,鼓励乡贤企业家捐资捐物近3亿元,在示范带动下,群众也积极出资出劳,全市村均达到30万元。

4. 融合发展成效显著,形成良性发展格局

第一,与标准化提升示范创建相结合,以农村人居环境整治提升标准化建设为抓手,打通了东南公路等7条示范带,改善了林州人民和外来游客的出行和旅途体验。

第二,与陆域环境整治相结合,市镇村三级整体推进新改扩建市政道路,大力开展硬化、绿化、靓化、美化工程。

第三,与发展全域旅游相结合,把打造整洁环境作为乡村旅游发展的重要支撑,以乡村振兴为引领,积极推动全域旅游持续推进人居环境整治。

第四,与塑造文明乡风相结合,不断提升乡村文明建设,统筹推进,精心打造党建广场,培育现代文明实践小议员等。

(三)典型案例:下里街村人居环境建设中的融合发展

下里街村位于姚村镇西南4千米处,全村共有183户,803人,3个村民小组，4名村"两委"干部，42名党员，村域面积960余亩，西邻黄华大道，东邻234国道，交通便利，区位优势显著。

通过整合各种资源，下里街村的田园综合体重塑了乡村的活力，并深刻改变了农业发展方式、农民增收方式、乡村生活方式和乡村治理方式。

1.促进生态保护，提升村民收入

下里街村地理位置优越，毗邻洹河，水源充沛，为发展田园综合体提供了独特的优势。现在，村内建成了水域面积超过200亩的水面，不仅改善了村周边的环境，还彻底改变了过去臭气熏天、污水乱排的状况。

此外，为进一步发展水产养殖业，他们还在村南地势低洼的地区建设了5个养殖基地。这些基地专门用于养殖泥鳅、甲鱼等水生生物，同时还种植着莲藕等水下植物。经过努力，村民们实现了经济效益和生态效益的双重收获。

2.传承农耕文化，推动融合发展

下里街村以生态农业为核心，积极推动"研学与生态旅游"一体化发展，创建了多种独具特色的基地项目。

"结合农耕田园特色，建设了农耕博物馆和民俗馆，开设相关课程，让人们亲身体验农耕文化，感受田园气息。同时，通过盘活闲置厂房，发展特色种植养殖，引进建筑、商贸企业，有力推进了村集体经济提质增效，实现集体、村民双增收。

"通过田园风光与现代农业的结合，以乐园和文化旅游为特色，种植了150亩果树和50亩蔬菜，规划了蔬菜园、百果园和万花园，供游客体验农耕、亲子采摘和田间教学，每年收入超过20万元；开展农耕体验旅游项目，每日接待数百名游客，年收入超过30万元。"

目前，下里街村已成为远近闻名的农耕体验基地，也是红旗渠干部学院、廉政教育学院和红旗渠精神培训基地的乡村振兴实践教学点。通过"文化+旅游+研学"产业链的完善，以及农、文、旅的深度融合，实现了村集体和村民增收的共赢格局。

三、产业支撑：县域社会的产业构成

（一）新时代产业振兴的理论依据

产业振兴是乡村振兴的重中之重，产业兴则乡村兴。习近平总书记强调，各地推动产业振兴，要把"土特产"这3个字琢磨透。产业振兴要立足本地优势资源，因地制宜、科学规划特色产业，推动农文旅产业融合发展。

（二）林州市县域经济的产业结构与融合发展

1. 林州市的产业结构现状与发展经验

林州市拥有太行山风景区等旅游和矿产资源，传统产业以钢铁、汽配为主。近年来，林州市充分挖掘利用本市自然资源禀赋，使产业发展成为林州市发展的主引擎。

目前，林州市主要发展特色农业、建筑业、文旅产业：

一是特色农业。林州市重点打造了东姚小米、茶店菊花等8个万亩产业基地，构建了"基层党建+村集体经济合作社+农户+龙头企业"农业发展机制，完善了特色种植、水产养殖、林果采摘、研学旅游"四个基地"，发展了"村社一体"合作化的"田园综合体"模式。通过党组织引导和推动，依托村集体经济合作社，使农户与龙头企业建立合作关系，实现资源共享、优势互补，推动农村经济发展和农民收入增加。

二是建筑业。林州市是中国建筑之乡，建筑业是林州市的特色主导产业。2022年末，林州市建筑企业总量达到1520家，其中，特、一级企业85家，位居全省县（市）前列，全年税收占全市税收收入的55.1%。农村强壮劳动力60%从事建筑业，农民人均纯收入的60%来自建筑业。林州市以"总部经济"战略为引领，出台和完善了《关于推进建筑业高质量发展的实施意见》，并采取"11234"模式优化营商环境。

三是文旅产业。林州市依托红色资源和生态环境打造红色研学基地，持续走"研学+民宿+写生"的文旅产业发展路径。2023年上半年，林州市接待游客约651.61万人次，红色旅游和乡村旅游成为助推林州市高质量发展的重要引擎。截至2023年6月，林州市旅游业已初步形成"一带一路、一核四心、九组团"的全域旅游发展空间格局。林州市助推民宿标准化，打造西部休闲带旅游民宿发展集聚区，还与中央美术学院等国内知名院校建立了战略合作关系，发展美术展览、艺术品交易等产业，打造写生全产业链。

2. 林州市一二三产业融合发展与产业集群概况

林州市立足于现有农村资源，从现代农业产业发展体系建设、农产品产业链延伸、农产品销售网络构建以及农文旅融合发展四个方面推进农村一二三产业融合发展。

林州市围绕农业产业发展培育一批合作社，并依托"阳光工程"项目开展乡村旅游等多种主题的培训，以提升农业经营主体的专业化水平；在农产品产业链延伸方面，林州市通过"基地+园区+龙头企业+农户"的模式，投资建设了"红旗渠农产品精深加工园"，多种形式鼓励和培育龙头企业开展农产品深加工、贮存等项目；在农产品销售网络建设方面，林州市大力发展电子商务，依托863国家级科技园建立市乡村电商服务中心，开辟销售渠道；在农文旅融合发展方面，依托"特色小镇"和"农业生态产业园"建设，挖掘自然生态优势，融入农业观光采摘、农耕文化研学等项目，推进城乡融合发展。

林州市一二三产业融合为农业农村高质高效发展、农民增收致富以及建设宜居宜业和美乡村提供了重要支撑。

（三）典型案例："菊花之乡"茶店镇的品牌建设之路

茶店镇位于林州市南部32千米处的山区，总面积96平方千米，下辖23个行政村，人口3.5万人。茶店镇着力打造"茶店太行菊"品牌，被誉为"中国菊花之乡"。茶店镇拥有"林州茶店太行菊"等三个国家地理标志。全镇菊花种植面积达1.2万亩，菊花产业产值占全镇农业总产值的60%，茶店镇有5000~8000名农户从事菊花产业生产，还带动了周围村镇的农户就业，形成了"党委+研发中心+龙头企业+基地+农户"的发展模式。

一是党建引领、多元参与，打造品牌。茶店镇党委政府秉持着五大兴菊战略——"科技兴菊、市场兴菊、规模兴菊、文旅兴菊、品牌兴菊"，颁布了《菊花产业发展实施意见》。同时，茶店镇成立菊花产业发展指挥部，配备一名班子成员与四名专职人员统筹政策制定、产业规划、产品开发、技术交流、链条延伸。

二是科技赋能、产业延链，三产融合。茶店镇与河南省农业科学院等科研院所和种植大户建立合作机制，采取政策优惠和合建基地等方式进行技术交流，并引进了国内先进的菊花生产设备、菊花科普基地、恒温冷库，努力实现"一产往后延、二产两头连"为菊花产业发展，走上科技快车道奠定了坚实基础。

三是挖掘特色、文旅融合，产品开发。茶店镇抓住乡村旅游机遇，以菊花为载体，举办菊花文化节，开发多款太行菊产品，实施文旅、农旅和产旅融合发展策略，整合镇域资源，打造出一条集休闲、采摘、食宿于一体的精品旅游线路。

（四）红旗渠精神的价值意蕴与时代诠释

红旗渠精神早已融入林州市干部、群众、企业家的血脉之中，并从他们齐心协力、前赴后继建设林州市的实践行动中彰显出来。在红旗渠修建过程中，坚持党的领导是顺利完成修渠任务的保障；在新时代产业振兴工作中，林州市干部群众团结一心，各级党委带领群众克服重重困难，利用本地资源谋发展，提升老百姓幸福感与获得感，赋予了红旗渠精神新的时代内涵。

"习近平总书记提出，绿水青山就是金山银山，后来我就想确实是这样的。村里这几年的发展也是坚持党的领导，我们共同带领老百姓努力，发扬红旗渠精神，一步一步到现在的。"

红旗渠精神的核心是实干和奋斗。林州市在产业振兴发展过程中，注重实践，发展新型农村集体经济，持续提高产业的质量和效益，将红旗渠精神中的智慧和力量转化为推动产业振兴的实际行动和强大动力，以务实的思想和行动不断努力，为实现农业农村现代化而奋斗！

四、党建引领：坚强有力的基层治理体系

基层治理是国家治理的基石，党的领导是加强基层治理体系和治理能力现代化建设的根本保证。党的二十大报告强调，坚持大抓基层的鲜明导向，抓党建促乡村振兴。同时，习近平总书记高度重视基层治理，强调只有把基层党组织建设强、把基层政权巩固好，中国特色社会主义的根基才能稳固。新时代新征程，我们要深入学习领会习近平总书记关于基层治理重要指示讲话精神，坚持和加强党的全面领导，充分发挥党建在基层治理中的引领作用。

（一）林州市党建引领乡村治理的成效

1. 发挥基层党组织的堡垒作用

林州市通过对村巡察、"五星"支部创建，整治基层软弱涣散村党组织。首先，基层党员认真落实"三会一课"，每季度上党课，每月固定一天开展主题党日。其次，基层党支部实行"双培双带"，年龄、学历、性别不断优化，优秀人才被吸纳到队伍当中。最后，村支书发挥头雁作用，带领村民发展集体经济。基层党组织的结构日趋完善，堡垒作用不断加强。

2. 带动产业发展

林州市壮大"三大产业"，加快强县富民步伐。突出"总部经济"，不断做强建筑之乡。突出融合发展，持续擦亮文旅品牌。优化"三大环境"，实施"三大工程"，促进城乡融合发展。2022年林州市的村均收入达到了24万元，村集

体收入实现了从2015年75%的"空壳村"到2022年底70%的村收入超过10万元的转变。近些年，林州市提出"全力拼经济""清零""清五""清十"工作目标，为村集体经济发展划定阶段性目标。

3.化解基层矛盾

"在社会基层坚持和发展新时代'枫桥经验'，完善正确处理新形势下人民内部矛盾机制。"基层治理通过组织的振兴，来化解基层矛盾。在三级治理体系之下，基层党组织完全有能力化解农村基层矛盾，使得小矛盾能够通过党员、群众代表化解于基层。截至2022年，林州市5年时间开展12轮巡查，谈话走访15万余人次，实现了基层矛盾问题的大起底大排查大解决。问题整改率98%以上，全市信访量同比下降46%。

4.整治人居环境

林州市推行人居环境整治，治理"六乱"，开展"六清"，为全域旅游打造生态宜居城市。每周五雷打不动组织"全民洗城"，林州市的道路整洁，市容市貌完全不亚于一个地级市的治理水平，受访群众对人居环境赞不绝口。林州市获评全省首批"四好农村路"示范县，林石公路被评为全国十大"最美农村路"。

（二）林州市党建引领基层治理体系建设的主要经验

1.党建有力

政策执行有力。执行力是党的组织领导力的重要构成要素。林州市委常委会每月专题研究"五星"支部创建工作。建立县级领导分包联系指导"五星"村和软弱涣散村党组织整顿制度。推动全市县级领导以上率下，带动市直和乡镇的党员领导干部广泛开展驻村调研活动。省市县三级分别对"五星""四星""三星"支部进行奖励。"五星"支部奖励如下：省委组织部通报表扬；给予10万元工作经费奖励；村"两委"成员基本报酬上浮20%；村党支部书记参加考编享受加分等政策。

乡镇、村党组织有力。第一是细化党员联户、干部包片、支部会商，充分发挥党员在参与和推动村民自治方面的积极作用。第二是村报告、乡处理、县办结。对于依靠村党支部自身不能解决的问题，由乡里处理、县里兜底。第三是派驻机制。按照派驻第一书记、工作队和实行"成建制派"三种方式，限期整顿软弱涣散党支部。林州市率先在2022年开展"五星"支部创建。2022年，在农村方面，创建"五星"支部8个、"四星"38个、"三星"162个、"二星"265个、"一星"40个，"三星"以上支部占38.52%。

2. 工作机制健全

头雁机制。习近平总书记在多个场合提到了村委会和村支书的示范引领作用。选好基层党组织的领头人至关重要。林州市党委一方面主动联系有发展思路的乡贤回村担当村支书，另一方面严格审查村"两委"换届程序，将有犯罪经历、口碑不好的人员排除出村"两委"，对不胜任、不称职的村支书动态调整。

群众路线机制。林州市充分践行群众路线，发挥巡察密切联系群众纽带作用，把发动群众作为提升巡察质量的关键因素，采取多种方式，对乡贤、信访户、脱贫监测户、低保户、危房改造户及老党员老干部"六必访六必谈"。同时，林州市充分发挥村民的主体性作用，促使群众不"等、靠、要"。例如，魏家庄村民不依靠政府，自己投资农家乐和民宿改造。在产业升级的同时，广大村民一方面自觉提高卫生意识，不乱丢垃圾，维护村内良好人居环境；另一方面提升服务质量，学习改良适合游客的菜品。

3. 动态巡察、系统治理

通过随机抽调人员动态巡查，协同多主体进行整改，不仅解决了村庄层面无法解决的诸多历史遗留问题，为老百姓真正办实事，还提升了村民对基层党组织的信任度，通过"三资"清查等"给老百姓以公道、还村干部以清白"。构建系统治理体系。制定详细可实施的治理标准。组建专班，由专人负责人居环境、"五星"支部创建等基层治理事项。建立台账，从问题出现到解决有迹可循。公布考核机制，实施有效监督。

（三）林州市党建引领基层治理体系建设的启示

坚持党的领导，发扬新时代红旗渠精神。党的领导在红旗渠精神的传承和创新方面贯彻始终。林州人民在林州市党和政府的英明领导下，克服重重困难，尤其是党员干部身先士卒，率领群众"战太行"。新时代的红旗渠精神更是离不开党的领导以及党员的带头示范作用。人居环境整治、"五星"支部创建、对村巡察、基层党建，林州市均走在安阳市甚至河南省乃至全国的前列。在人居环境整治期间，林州市党委率领广大党员干部、号召发动群众力量"全民洗城"。村居巡察期间，在林州市委领导下，巡察办协同各个职能部门，解决了诸多历史遗留问题。坚持党的领导理应成为基层治理的核心内容。

多元主体参与，构建共建共治共享新格局。要构建党组织统一领导、各类组织积极协同、广大群众广泛参与的基层治理体系。多元主体参与，实现发展基层社会治理新格局。林州市的红旗渠工程培养了大批有发展头脑、有奉献精神的建筑经理。他们被吸纳到党员队伍当中，变成了新时代的村庄致富带头人，形成了特有的"工头+支书"模式，有力地推动了基层发展。基层党建不再仅是党组织职能部门的事情，同时也是各级政府的首要任务。例如在巡察中，林州市委牵头，协调委、监委、组织、信访、财政、审计、民政等部门全面参与乡村治理。

五、继往开来：新时代的红旗渠工程

作为红旗渠精神的故乡和发祥地，新时代红旗渠精神的积极践行者，林州市的干群工作作风硬朗，执行、落实中央的各项部署坚决、果断，务实有效。特别是对于巩固拓展脱贫攻坚成果与有效衔接乡村振兴的各方面工作，落实有力、成效显著。

通过学习和实地调研，我们深刻认识到习近平总书记对红旗渠精神论述的深刻性和时代意义："红旗渠精神同延安精神是一脉相承的，是中华民族不可磨灭的历史记忆，永远震撼人心。当代青年要继承和发扬吃苦耐劳、自力更生、艰苦奋斗的精神，摒弃骄娇二气，像我们的父辈一样把青春热血镌刻在历史的丰碑上。实现第二个百年奋斗目标也就是一两代人的事，我们正逢其时、不可辜负，要做出我们这一代的贡献。红旗渠精神永在！"

新时代的脱贫攻坚、脱贫攻坚成果的巩固拓展与全面推进的乡村振兴就是新时代的红旗渠工程。脱贫攻坚事业中形成的攻坚精神也是红旗渠精神在新时代的彰显。对于林州市、对于中国，红旗渠精神的深刻思想和理论底蕴、时代意义与精神气质、实践品格和强大精神动力是中国人民克服重重艰难险阻走向美好生活的理论底气、精神动力和自信之源。

我们认为，林州市在巩固拓展脱贫攻坚成果、有效衔接乡村振兴方面已经做出了较为充分的准备，即巩固拓展脱贫攻坚成果基础扎实、卓有成效；生态保护与城乡人居环境建设业绩突出，树立了县域社会发展的标杆；基层党建和县域治理体系思路清晰、工作得力，同样取得了优异成绩。

因此，林州市已经为党中央全面推进乡村振兴战略做好了准备。林州市成绩取得的基本经验在于：

坚持习近平新时代中国特色社会主义思想的引领，传承弘扬红旗渠精神，始终以人民为中心，坚决执行国家战略和中央的各项部署；认真贯彻新发展理念和县域治理"三起来"重大要求，始终坚定"发动群众，改变林州"的理念；党建有力，善于发动和组织群众，敢于和善于攻坚克难；解放思想，实事求是，务实创新。

红旗渠精神是林州人民的传家宝，也是浸润林州人血液和骨髓的文化基因，值得倍加珍惜。脱贫攻坚和乡村振兴就是新时代的红旗渠工程，习近平新时代中国特色社会主义思想是新时代红旗渠精神的指导思想、理论指南和活的灵魂，是新时代的马克思主义，与延安精神的理论底蕴一脉相承。

新时代红旗渠精神继承了延安精神中吃苦耐劳、自力更生、艰苦奋斗的精神，解放思想、实事求是、与时俱进，与延安精神的精神气质一脉相承。

林州人民坚持学习，用马克思主义科学理论武装头脑，坚持党的领导，坚决做到"两个维护"、坚定拥护"两个确立"，坚持正确政治方向，坚决贯彻党的基本理论、基本路线、基本方略，坚决落实党中央决策部署，与延安精神的实践品格一脉相承。

在取得成绩、为乡村振兴做好准备的同时，林州市也面临着一些新挑战和新问题。

首先，林州市的文旅产业发展势头良好，但受到诸多约束，短期内的带富能力趋于平缓。目前有较大吸引力的旅游资源和知名景点主要集中在林州市西北部山区，且受地理形貌和生态环境的约束，不仅带动群众致富的作用受到限制，整体的发展空间也有待进一步拓展。

其次，因为诸多原因的限制，林州市的建筑业也面临着增长乏力、创收困难的困境，亟待转型升级、发展壮大。不难看出，就目前和未来相当长一段时间林州市建筑业的发展对林州市经济社会的总体发展影响深远。

最后，特色农业产业的品牌建设有待进一步提升。

我们深信，在习近平新时代中国特色社会主义思想的引领下，在党中央的坚强领导下，在新时代红旗渠精神力量的感召和武装下，林州人民一定能够在新时代的红旗渠工程即乡村全面振兴的伟大事业中继往开来、攻坚克难、再立新功。

红旗渠精神永在!

执笔人：李　伟　苑军军　刘忠魏　刘　凤

第十二章 建设产业园区促进县域经济发展：青川案例

产业振兴是乡村振兴的重中之重。习近平总书记指出，各地推动产业振兴，要把"土特产"这三个字琢磨透。因地制宜大力发展特色产业，推进农村一二三产业融合发展，拓宽农民增收致富渠道。许多脱贫县具有得天独厚的农业农村特色资源，如何做好"土特产"文章，发展特色农业，对于脱贫县巩固拓展脱贫攻坚成果，全面推进乡村振兴具有重要意义。四川青川坚持"以人为本、生态立县、绿色崛起、富民强县"思路，立足本地资源条件，以产业园区建设为抓手，促进特色农业发展，初步走出了一条以产业园区建设推动特色农业高质量发展的县域经济发展新路，为实现特色农业大县向特色农业强县跨越打下了良好基础，对类似脱贫地区发展特色农业具有一定借鉴意义。

一、做法与成效

青川县地处秦巴山区，县域面积3216平方千米，常住人口15万人，为国家重点生态功能区、首批国家全域旅游示范区和国家生态原产地产品保护示范区。特色农业资源丰富，有7个国家地理标志保护产品。2022年，全县地区生产总值598664万元。其中，一二三产业占比分别为24.3%、28.0%、47.7%。地方一般公共预算收入47555万元，一般公共预算支出233346万元。近年来，青川县把现代农业园区建设作为推进农业现代化、夯实脱贫攻坚成果和乡村振兴产业基础的"牛鼻子"，按照"大园带小园"的模式，大力发展适度规模经营，初步走出了一条具有山区特色的现代农业园区建设路子，优势特色农业发展取得了新突破。已建成现代农业园区13个、乡镇产业园20个、村产业园166个、户产业园1.9万余个，有力促进了人与自然和谐共生，加快了农业转型升级，带动了农民增收致富，促进了当地经济社会发展和民生福祉改善。2022年，全县森林覆盖率74.01%，比2015年提高2.1个百分点。粮食、蔬菜、药材、茶叶亩产分别比2018年提高3.6%、5.5%、5.4%、40.3%。2015—2022年，农民人均可支配收入年均增长9.6%，城乡居民人均可支配收入比由2.60缩小到2.34，家庭经营净收入成为农民收入第一大来源。第一产业增加值年均增长10.3%，较于GDP增速0.5个百分点。规模以上工业企业产值中，农副食品加工业、食品制造业及酒、饮料、精制茶制造业占比达39.9%。

（一）强化顶层设计

一是坚持规划引领。2019年，青川县发布《乡村振兴战略规划（2018—2022年）》提出大力推动名优绿茶、绿色山珍、木本油料、道地药材、生态养殖、风景银杏六大农业优势特色产业发展，实现特色农业产业大县向特色农业强县跨越。2021年3月，《青川县国民经济和社会发展第十四个五年规划和二〇三五年远景目标纲要》中明确，加快构建现代特色农业"6+3"体系，即做强"名优茶叶"，做大"绿色山珍"，做优"道地药材"，做精"生态养殖"，做实"木本油料"，做好"风景银杏"，大力推进现代农业种业、特色农业装备、特色农业烘干冷链物流三大先导性产业。规划到2025年，力争建成国家级现代农业产业园1个、省级现代农业园区2个，市级现代农业园区5个，县级园区数量达到14个，形成国家级、省级、市级、县级"四级同建"的现代农业园区建设新体系。同年6月，针对部分特色产业受范围局限、发展效果不明显等问题的影响，青川县将原六大特色产业调整为"2+3+3"现代特色农业产业体系，即2大主导产业（茶叶、山珍）+3个特色产业（道地药材、生态养殖、木本油料）+3大先导性支撑产业（现代农业种业、特色农业装备、特色农业烘干冷链物流）。二是完善工作机制。成立由县委书记和县长任组长的领导小组。明确职责分工，建立例会制度。各部门相互协作，形成合力。完善考核机制，强化日常监督检查和情况通报，实行年度专项考评，专项考核占乡村振兴考核总分的70%。

（二）抓好产业基地建设

一是加强园区基础设施配套建设。多渠道整合项目资金，改善乡村及园区基础设施，补齐农村基础设施建设短板。县财政4年共整合涉农项目资金2600万元，投入建设4万亩标准化示范基地。投入资金4.38亿元，建成117千米"四好农村路"示范路、570千米幸福美丽乡村路和撤并建制村畅通工程、24座便民桥。加强水利设施建设，完成水毁堤防修复2582米，修复三桥园区生产渠堰4740米。大力发展冷链物流，2022年，新建成农产品产地仓储保鲜设施7座，新增储藏保险容量1300余吨。二是强化科技支撑。推进种业振兴，建设黑木耳、山桐子种质资源圃，巩固提升畜禽、水产种质资源保种场2个。建设特色优质品种选育试验示范园1个、省级以上农作物良种繁育基地和种畜禽场各1个、大叶种茶树选育基地1000平方米。强化农业科技服务，2022年开展农业科技服务200余次，开展科技培训230期2万人次，解决种养技术难题80余个。开展农村实用人才带头人调训和高素质农民培训，完成基层农技人员知识更新培训。三是以标准化生产促进农产品提质增效。制（修）订七佛贡茶、青川黑木耳等地标保护农产品生产技术规程、产品质量标准。健全县、乡、村三级联合监管体系，创建农产品质量安全监管示范乡镇、示范村。开展园区农产品常态化监测，合格率100%。开发建成"青川茶智—茶叶溯源指挥中心"数字综合服务平台，实现对茶园一站式管理。引导特色农业规模化、集约化经营，按照连片成规模、经营有主体、设施有完善、管护有成效的标准，补助支持改造提升林下茶园。对规模化的"白叶一号"茶园管护、椴木黑木耳有机基地、生态养殖、核桃、中药材等均实行优惠政策。四是加强品牌打造。以地标产品为引领强化品牌建设，支持龙头企业打造企业自主品牌，构建"区域公用品牌+产业（产品）品牌+企业自主品牌"的特色农业品牌体系，全县现有"三品一标"农产品62个，进入中国农业品牌目录1个。发布"青川山珍"区域公共品牌，开展品牌推介活动。

（三）积极培育新型农业经营主体

按照"户改场、场入社、社联企、企接市"模式，培育新型农业经营主体。截至2023年6月，全县各类新型农业经营主体1433家。农业产业化经营重点龙头企业52家，其中国家级1个、省级10个；农民合作社459个，其中国家级示范社1家、省级示范社3家，入社成员26150人；家庭农场722个，其中省级示范场2家；种养大户4520家。新型农业经营主体带动44011户农户，占总农户数的69.5%，年户均增收2478元。一是政策扶持。制定优惠政策，园区建设项目、配套设施等均向新型经营主体倾斜。二是资金支持。2022年以来，县财政补助家庭农场培育工程和示范工程资金527万元，并提供贴息贷款，支持家庭农场发展。对涉农中小微企业给予贷款贴息，对规上农产品加工企业给予一次性奖励。三是技术支撑。县财政每年安排20万元支持企业加大研发投入，对域内获得国家发明专利的企业和个人给予一次性奖励。四是用地保障。采取"招拍挂"出让方式保障发展用地，或采取租赁、先租后让、租让结合、弹性出让的供地方式，降低企业用地成本。对工业项目在批准使用土地范围内增加厂房建筑面积的，不再增收或调整土地出让金。

（四）促进一二三产业融合发展

一是大力发展农产品加工业。发挥各类产业园区带动作用，通过多种支持措施，引导加工企业向园区集中，打造城乡联动的产业集群。如木鱼食品产业园，入驻规上企业4户，实现年产值7.6亿元。大力推进农产品精深加工，各产业园依托七大地标产品，做优做精加工链，建成食用菌、土蜂蜜、茶叶、腊肉、蜂蜜酒等生产加工线20余条。支持加工企业前延后伸，发展原料基地、农产品加工、流通和营销，拓展市场，着力延长产业链。如沙州镇构建集生产、加工、仓储、物流、销售于一体的茶叶全产业链，茶叶品质越来越好，市场越来越广。二是促进农文旅融合发展。立足产业园，集"农文旅"多功能业态于一体，打造农文旅融合园区。坚持乡村旅游标准化、规范化建设，相继建成投用78个项目，招引特色美食餐饮80余家，提升改造民宿150余户，"吃住行游购娱"等要素质量全面提升，景区日接待能力超2万人次。2023年1—5月，全县乡村旅游接待游客176.5万人次，实现营业收入12.49亿元。三是加快发展农村电商。整合省内100多家企业1000余种优质网货入驻，构建区域性网货供应链和综合服务中心。强化主体培育，38家本土企业累计开设各类旗舰店、专营店、微店300余个。建成电商直播基地，涌现出一批直播达人。打造电商物流产业园，10余家快递物流企业入驻。改造提升20个乡（镇）级和33个村级电商物流综合服务站点，乡镇配送实现全覆盖，行政村覆盖70%以上。2022年，全县电商交易额24.5亿元。43家企业3312款产品在"扶贫832平台"上线销售，累计成交金额2.88亿元，销售额连续三年列全省第一。

（五）完善联农带农利益联结机制

一是建立完善多种形式的联农带农利益联结机制。鼓励通过土地入股、股份合作、合同订单、市场联合、技术联合等方式，带动小农户专业化、标准化、集约化生产。推广龙头企业+基地+农户、龙头企业+合作社+基地+农户、龙头企业+"一村一品"专业村镇+农户、行业协会+龙头企业+农户等经营模式，农户可通过自主经营、土地流转、务工等多种途径获取收益。川珍实业公司与1.2万户农户签订山珍种植合同，发展种植基地2.23万亩，带动近5000户农户，户均增收1.5万元。二是发展村集体经济带动农民增收。围绕"盘活资产、开发资源、运营资本"三大路径，因村施策发展新型农村集体经济，摸索出了联村共建、产业增收、借地生财、资产盘活、服务创收、入股分红、实体带动等多种集体经济发展模式。2022年，全县集体经济总收入724.82万元，村均4.24万元,人均37.94元。三是创新发展劳务专业合作社增加农民劳务收入。针对山区农户居住分散、农业季节性强、临时用工供需矛盾突出的情况,着力打造县乡村三级劳务专业合作社,创新开发了全省首个劳务专合社数字化应用平台"青e就业",农户用手机就可实现家门口就业。已建成村级劳务专合社178个,吸纳社员1.6万余名,对接用工单位900余个,组建建筑工、种养技术工等班组750余个,累计推介就地就近务工18.5万余人次,实现年劳务收入2500余万元,帮助本地留守劳动力实现年人均增收3000余元。四是实施以工代赈促进农民增收。"十四五"以来共实施以工代赈项目10个,吸纳1657名本地群众务工,发放劳务报酬704万元,技能培训1378人。同时在农业农村基础设施和重点项目中推广以工代赈,"十四五"以来推广以工代赈项目25个,吸纳5000人以上就业,发放劳务报酬1亿元以上。

(六)充分发挥东西部协作机制作用

一是积极开展产业合作。青川县与杭州市西湖区以产业协作为重点,推进东西部协作质效并提。2022年实施11个协作项目,共建一二三产业融合发展示范园区1个、产业园3个、特色农业全产业链2条、示范乡镇10个、示范村30个、示范产业5个、示范项目25个,引进10家以上浙江企业入驻青川县。2018年以来,青川县接受浙江安吉"白叶一号"茶苗捐赠,已建成"白叶一号"基地7075.5亩,盛产后预计鲜叶年收益8500万元,干茶年收益6.35亿元。二是加强劳务协作。2022年,举办劳务协作专场招聘会4场、转移到浙江省稳定就业810人,实现人均年劳务增收1000元。三是推进人才交流。与西湖区互派干部和专技人员挂职交流,培训干部180人次、专业技术人才846人次。依托"白叶一号"数字驾驶舱,建立中茶所、浙江杭州、广元青川三方技术专家会商和指导机制,推动提高白茶品质。四是促进消费帮扶。建立西湖—青川东西部协作消费帮扶长效机制,通过线上线下展销,拓宽青川县农产品销售渠道,2022年西湖区累计帮助青川县销售农特产品1.78亿元。

（七）强化要素保障

一是强化资金保障。2022年和2023年，分别统筹整合涉农项目资金2368万元、5912万元投入园区建设。2023年安排县级衔接资金3400万元，安排东西协作资金3900万元。信贷支持方面，截至2023年一季度末，全县涉农贷款余额39.64亿元，同比增长11.4%。二是做好用地保障。用足用好设施农用地管理，2023年以来办理设施农业用地35宗，面积24亩。抓好耕地复垦，持续推进土地整理项目，为产业园建设创造条件。三是加大人才招引培育力度。设立人才发展专项资金500万元，引进高层次和急需紧缺专业人才54名。开展农业、电商等人才培训，引进18家电商企业入驻"青创星空"。建设返乡创业平台，建成市级农民工返乡创业示范园5个、县级农民工返乡创业示范基地20家。2023年以来，新增回引返乡创业96人，带动就业400余人，成功创建全省返乡下乡创业示范县。

（八）深化改革激发特色产业发展活力

一是扎实推进农村集体产权制度改革。全面完成180个村集体资产核资工作，79个村完成资产量化、股权设置，登记注册村股份经济联合社80个，村经济联合社166个。红光乡陶龙村通过改革，吸收外来资金，建设高山生态芍药产业观光园，村集体年收益158万元，园区劳务收入户均4400余元。二是推进农村土地"三权"分置。大力培育土地流转和产权交易市场，全县承包地流转面积8.96万亩，林地流转面积42.9万亩，流转金额5149万元。三是积极盘活农村集体闲置资源资产。健全制度规范管理，通过便民服务提升一批、公益事业改建一批、集体经济使用一批、市场运营开发一批，全县闲置的132宗农村集体资产全部盘活利用。四是积极盘活利用农村闲置宅基地和农房。建立农村闲置宅基地和农房台账，并纳入县农村产权流转交易系统。鼓励探索多种盘活利用模式，开展农村闲置宅基地和农房盘活利用试点示范，创建一批民宿集中村、乡村旅游目的地、家庭工场等盘活利用样板。

二、主要问题

（一）特色农业生产经营水平仍待提高

山区脱贫县农民素质不高，市场意识较弱，组织能力不强，特色农业粗放经营现象仍较普遍。如茶园管护，劳动力多外出打工，许多茶园管护较为粗放，只采收一季春茶，夏秋茶基本不采收，同时缺乏修枝、追肥、除草等管护，影响来年春茶产量。经营方面，农特产品多零散销售给中间商，易遭压级压价，有的虽有简易包装，但无商标和生产许可证，基本相当于卖原料，与优质优价差距较大。

（二）农业产业经营体系有待完善

一是农特产品精深加工不足。大量农特产品停留在初级分拣、包装、烘干阶段，产业链条延伸不充分，导致农产品质量虽好，但影响力、知名度不够高，增值收益留在本地的比例不大。二是农旅融合发展尚处于起步阶段。农旅项目融合方式单一，旅游产品开发层次较低。历史文化资源挖掘利用不足，融合项目的体验性、参与性和创意性不够。三是农村电商发展水平有待提升。青川县距大城市较远，电商物流成本较高，专业电商人才缺乏。多家企业反映，从青川县发送快递每单运费比从广元市贵三分之一，降低了产品竞争力。此外，青川县农村路况复杂，快递公司一般很少进入，不利于山区农特产品出村。

（三）利益联结机制不够紧密

一是联结方式单一。涉农企业、合作社和农户之间主要通过土地流转、市场化收购、劳务用工的方式联结，难以分享加工增值和产业链条延伸的收入。

二是利益分配有限。主要利益分配方式包括"保底分红""按股分红""保底分红+按股分红"等，实际操作中存在只保底、不分红或以保底当分红的现象。

（四）特色产业发展资金保障不足

一是财政保障能力不足，涉农资金整合力度仍需加强。一方面，种植大户普遍反映缺少"防旱池"等水利设施，产业园建设所需的道路、仓储物流等基础设施配套不足，有些老旧茶园因无路而废弃。青川县地方一般公共预算收入只占财政支出的20%，本级财政难以满足产业园建设资金需要。另一方面，涉农资金整合需进一步推进。当地财政部门反映，2024年开始，县财政只能对省级以下涉农资金进行整合，整合资金来源将大幅度减少。二是金融支持有待加强，特色农业发展风险保障不足。农户普遍缺少房产、高价值机械设备等易变现抵押物，融资门槛高，贷款额度低，生产流动资金难以得到满足。有养殖大户反映："棚舍改造等需资金300多万元，但银行只给贷10万元。"另外，县级政策性担保机构担保能力有限，影响金融支持特色农业风险保障能力建设。

（五）保护与发展矛盾突出

青川县属国家重点生态功能区，特色农业发展面临诸多生态保护政策的掣肘。一是设施农业和特色产业发展用地问题突出。许多返乡创业农户、家庭农场和龙头企业反映，发展特色农业加工等需要建设仓储、晾晒场地、烘干设施等，但用地缺乏指标，特别是"三区三线"划定成果启用后，部分项目无法落地。二是野生动物侵害严重。农户和企业普遍反映，粮食和特色作物经常遭受野猪侵害，损失严重。据农业农村部门不完全统计，2022年，全县发生野猪损毁粮食作物事件2944起，致粮食作物受灾5万亩以上，绝收1500亩以上。林业部门虽成立了捕猎队伍，但不能配备相应枪支等设备，无法有效遏制野猪泛滥。此外，"非粮化"整治力度大，发展特色农业和产业园区建设面临更多限制。如坡耕地问题，按政策须划为耕地甚至基本农田，但这样的地在偏远山区无人耕种。三是林业保护政策限制了林下经济发展。公益林地和天然商品林地都属限制性开发林地，青川县这两类林地占比达58%，利用林地改建产业园区存在政策障碍。

（六）人才匮乏严重

一是农村高素质人才短缺。在生产端，特色产业经营需研发性技术人才，如菌种培育、茶苗品种研发等，但由于人才吸引力不足，当地研发能力弱，与国内知名高校协作发展能力不强，影响企业竞争力；在销售端，农产品线上销售能力弱，尤其缺乏线上销售人才，人才招引也因待遇不高等难以留住。二是特色产业季节性雇工难。菌菇种植、茶叶等特色产业属劳动密集型产业，收获期需大量劳动力，但当地年轻劳动力大多进城务工，留在农村的劳动力普遍在50岁以上，且以女性为主，特色产业经营经常面临雇工难问题。

三、对策建议

（一）加快完善农业生产经营体系

一是加快培育新型农业经营主体。加大财政金融扶持力度，鼓励发展龙头企业、农民合作社、家庭农场和种养大户等新型农业经营主体。二是促进适度规模经营。加快完善脱贫地区农村土地流转市场，鼓励通过互换承包地、联耕联种等方式，实现连片耕种，鼓励通过合同订单、土地入股、股份合作等方式，促进特色农业适度规模经营发展。三是大力发展农业社会化服务。鼓励发展互联网、物联网等新型农业服务形式，支持供销、粮食、农机、金融等系统发挥平台作用，提供信息、采供、营销、冷链、农机、加工等综合性服务。进一步发展和完善县乡村三级劳务专业合作社，充分发挥带动农民就业增收作用。

(二)加快农村一二三产业融合发展

一是做大做强农特产品精深加工产业。加大力度引进培育带动能力强的龙头企业，建设精深加工园区，培育有影响力的知名品牌，推动农产品精深加工业高质量发展。二是加快推动农旅融合发展。培育度假型旅游业态和服务产品，提升乡村民宿文化品位和服务品质，推动名村、民宿、名品建设，建设一批旅游体验基地，打造农旅精品。三是加快农村电商发展。进一步改善农村物流等基础设施和营商环境，加大电商平台对脱贫地区农特产品倾斜力度，降低山区物流成本，对偏僻山区发展农村电商，给予一定物流成本补助。

(三)进一步完善产业联农带农机制

以"龙头企业+合作社+农户"模式为基础，完善多元化利益联结方式，让农民深度参与产业链、分享利益链。探索建立项目与群众利益联结机制，制定项目联农带农和收益分配方案。建立差异化的联农带农机制，如对有劳动能力的在村农户采取合作、订单、劳务、购买公益性岗位等联结模式，创造就业机会；对无劳动能力或有劳动能力但需外出务工的农户，采取入股、托管等联结模式，让农民真正分享乡村产业高质量发展成果。

(四)强化脱贫地区特色农业发展资金保障能力

一是强化财政对特色产业的支持。落实好中央要求，将中央衔接推进乡村振兴补助资金用于产业发展的比重提高到60%以上，重点支持产业路、小农水、仓储物流等基础设施和种业发展、社会化服务、加工企业技术改造、新型农业经营主体和农业经营人才培育等领域。二是完善财政涉农资金统筹整合政策。赋予县级财政更大的涉农资金统筹整合职责，优先支持乡村产业发展。三是进一步加大金融支农力度。加强农村金融信用体系建设，强化金融机构支农职责，拓宽农村抵押物范围，创新农村金融服务和产品，加强农业信用担保体系建设，引导信贷担保业务向农业农村倾斜。

（五）完善相关用地和生态保护政策

一是加强脱贫地区特色产业用地保障。落实好乡村振兴产业发展用地政策，重点支持脱贫县乡村产业和特色农业发展。二是科学合理划定"三区三线"。坚持开发与保护并重原则，对于山区县和生态保护区，基本农田划定不能"一刀切"，要实事求是解决"基本农田上山"的问题。三是适度调整林业和生态保护政策。已划分给集体和个人的生态公益林、天然商品林，应允许山区林农适度利用林下空间，并具可操作性。对野猪过度泛滥问题，坚持以人为本，尽快明确并落实好野猪被调出"三有"野生动物名录后的实施细则，保障农民合法种植权益。

执笔人：习银生　杨　丽　杜　辉

第十三章 | 乡村振兴示范县 创建的实践与探索：高州案例

党的二十大报告指出，高质量发展是全面建设社会主义现代化国家的首要任务。2023年4月11日，习近平总书记到茂名市高州市根子镇柏桥村考察调研时强调，推进中国式现代化，必须全面推进乡村振兴，解决好城乡区域发展不平衡问题。要坚持走共同富裕道路，加强对后富的帮扶，推进乡风文明，加强乡村环境整治和生态环境保护，让大家的生活一年更比一年好。习近平总书记的重要论述为推进高州市乡村振兴高质量发展、逐步实现共同富裕指明了方向。近日，广州大学乡村振兴研究院师生受中国扶贫发展中心委托，以乡村振兴示范创建为重要抓手赴高州市开展为期一个月的蹲点调研，在根子镇、分界镇、石鼓镇、南塘镇、曹江镇、长坡镇、大井镇、石仔岭街道、宝光街道等镇街、村社区实地走访，与161名党政干部、帮扶工作队成员、基层群众、企业代表、项目负责人、合作社负责人、普通农户、脱贫户、低收入人群等进行深入交流，了解高州市深入推进乡村振兴战略实施情况，全面梳理、勾画、总结与提炼乡村振兴示范创建的基础条件、主要做法、经验启示、制约因素与对策建议。

总体感觉，近年来，高州市始终坚持党建引领，充分发挥基层党组织战斗堡垒作用，用活用好发动乡贤、群众等力量，探索实践出一条"改革驱动型、平台辐射型、产业孵化型、城乡融合型"的乡村产业发展之路，以乡村产业振兴为基础，推动乡村建设、乡村治理等重点工作，加快中国式农业农村现代化发展步伐。高州市是广东省山区县，是100多万人口的农村人口大县，发展有其特殊性，总结推广高州市乡村振兴示范县示范创建的经验做法，为全国乡村振兴示范县建设提供可供参考的样板,各地区各部门做好乡村振兴工作,具有重要参考;对推动学习贯彻习近平新时代中国特色社会主义思想走深走实,完成艰巨繁重的改革发展稳定任务,具有重要价值。

一、乡村振兴示范创建的历史演变与现实依据

全面推进乡村振兴战略是推进中国式现代化、解决好城乡区域发展不平衡问题的重要手段。党的二十大报告指出,要全面推进乡村振兴,坚持农业农村优先发展,巩固拓展脱贫攻坚成果,加快建设农业强国,扎实推动乡村产业、人才、文化、生态、组织振兴。2022年中央一号文件明确提出要开展"百县千乡万村"乡村振兴示范创建工作,采取先创建后认定方式,分级创建一批乡村振兴示范县、示范乡镇、示范村,广泛动员社会力量参与乡村振兴,深入推进"万企兴万村"行动。2022年7月,农业农村部、国家乡村振兴局印发《关于开展2022年"百县千乡万村"乡村振兴示范创建的通知》,明确提出力争用5年左右时间,开展创建工作的国家乡村振兴示范县基本覆盖全国各市(地、州、盟)。至此,各地掀起通过各种形式开展乡村振兴示范创建的热潮。实际上,乡村振兴示范创建有其客观必然性,蕴含了丰富的方法论价值,是改革创新的重要路径。乡村振兴示范创建是政策扩散理论、标杆管理理论、社会学习理论在乡村振兴战略中的生动实践,是中央及地方政府统筹推进"五大振兴"的有力抓手。

从历史演变来看,作为党推进"三农"工作的重要方法,"典型示范,逐步推广"早已有之,内容不一而足,无论是农民合作化初期的"合作社的模范"延安南区合作社、中华人民共和国成立后"农业学大寨"运动中的大寨生产队,还是家庭联产承包责任制改革中的小岗村,都可以视为不同发展阶段中"三农"领域的示范创建者。这种方法也为党在维持农村政治经济情况基本稳定的前提下深化农村改革、开展政策创新提供了坚实保障。随着"三农"工

作面临的问题日趋多元复杂，其重心不断转移，示范创建的类型诸如示范村、示范县、示范区、示范点、示范带等更为多样化，虽然不同示范项目的类型与内容相异，但项目自身的特色，包括产业、生态、文化的特色和发展路径的创新，包括资源盘活与利用、利益联结与分配、主体参与和协同创新是多数示范项目所欲示范的内容。

从现实依据来看，新时期乡村振兴示范创建的理想形态是示范区域内以产业、生态、文化特色为示范核心，在横向联动、纵向协同、社会支持、多方参与下，实现点与点之间的有机融合，串点成线，连线成面，构建政府引导、市场主导、农民参与、各方受益的示范格局。有别于以往的生态建设示范村、党建示范村等仅聚焦于某个示范领域的示范村，是"三农"领域示范创建的新载体、新形式，是达致新时期示范创建理想形态的可行之路。此外，构建新发展格局的进程中，我国仍面临县乡一体化、镇域一体化程度不高，镇域城镇化推进缺乏抓手等问题，而具有跨村联动、县乡联通特征的乡村振兴示范县恰为解决此类问题提供了新的方案。

作为"粤西粮仓"，广东省高州市农林牧渔产值全省第一，粮食产量全省第二。为促进农业现代化发展，高州市聚焦地方特色优势农产品，推进产业集群发展，致力打造国家级农业现代化示范区，建设广东省级现代农业产业园。同时，高州市抓好乡村振兴的"龙尾"，明晰本地"一村一品、一镇一业"发展目标和重点，科学制定发展规划，形成了一大批"一村一品、一镇一业"专业镇和专业村，为乡村振兴示范县创建奠定了基础。高州市的示范县创建，持续推动了乡村产业基础高级化、产业链现代化；健全了乡村治理体系，构建了共建共治共享的乡村治理格局，提升了乡村治理体系和治理能力现代化水平，是"百县千乡万村"乡村振兴示范创建东部地区的样板县。

二、高州市创建乡村振兴示范县的基础与条件

按照习近平总书记的战略擘画和重要指示要求，高州市从忠诚拥护"两个确立"、坚决做到"两个维护"的高度充分认识做好乡村振兴示范县创建工作的重要性，在全面贯彻落实中央、省、市相关工作要求的基础上，加强工作创新，打造工作亮点。实践证明，乡村振兴示范县建设造就了美丽乡村，造福了农民群众，促进了美丽生态、美丽经济、美好生活的有机融合，是新时代"三农"工作的重要抓手。

（一）高州市基本情况

1. 人文地理概况

高州市位于广东省西南部，属茂名市代管县级市，处于我国沿海经济带最南端，是粤港澳大湾区、环北部湾经济区、海南自由贸易试验区三个国家发展战略地区的交汇之地，属于广东沿海地区与中西部地区联结的门户。高州市生态良好，是全国绿化模范县，森林覆盖率63.7%。水资源丰富，高州水库是全国大Ⅰ型水库。公路、铁路配套发展，交通优势明显。

2. 资源禀赋概况

高州市位于热带和亚热带的过渡带，属南亚热带季风气候，光照充足，热量丰富，植物地理分布大体和气候带等自然环境相适应，多为亚热带常绿季雨林。全年气候温暖湿润，没有严寒，非常适宜农业生产。高州市地形多样，地势大体呈东北高、西南低趋势。境内河流众多，主要河道为鉴江干流，并分布着沙田河、罗坑溪及众多的湖泊山塘，且土壤中硒含量相对较高。

3. 社会经济情况

高州市总面积3276平方千米，下辖23个镇、5个街道，有439个行政村、49个社区、5822个自然村，现有人口186.9万人，其中乡村人口102万人。高州市是广东省农业大市（县）、全国水果第一市（县）、中国荔乡。2020年，高州市生

产总值（GDP）达633.58亿元，年均增长5.9%，其中，第一产业增加值170.45亿元，年均增长5.1%；第二产业增加值144.31亿元，年均增长3.0%；第三产业增加值318.82亿元，年均增长7.9%。人均生产总值年均增长5.7%。

4. 农业农村情况

高州市是广东省农业大市，农业总产值连续多年名列广东省各县（市）第一，曾被誉为"广东省山区综合开发的一面旗帜"，先后获得全国整县粮食高产创建示范县、全国农机安全示范县等殊荣。高州市农业优势特色突出，形成了粮食、荔枝、龙眼、香蕉、南药、北运菜、罗非鱼、生猪、蛋鸡、鳄鱼等优势特色农产品生产基地。目前，全市农业已初步形成主导产业突出、发展布局合理、服务配套到位的现代农业体系，农业农村工作取得较好成效，2020年农村居民人均可支配收入19702.2元，年均增长8.1%。

（二）高州市示范创建的有利条件

一是组织领导有力，工作机制明晰。高州市建立党委政府主要领导负责、农业农村部门统筹、相关部门参与的乡村振兴工作领导体制。市级层面建立"专班式"协同作战机制，以项目化实施、专班式推进为牵引，整合各方面资源推动全市乡村振兴各项工作落细落实。镇村级层面建立"清单式"闭环推动机制，工作专班按月制定镇级推进乡村振兴任务清单。各镇（街道）根据各行政村实际情况细化调整后，将任务清单具体分解至各股室和各村级党组织，形成"问题导向"寻妙方、"照单抓药"抓落实的工作机制和方法体系。

二是农业实力雄厚，示范带动能力强。高州市统筹推进乡村振兴工作，在巩固提升荔枝、龙眼等重要农产品产能、巩固拓展脱贫攻坚成果、保护耕地和维护农村社会和谐稳定。高州市农业总产值稳居全省第一，也是全国水果第一市（县）、全省农业第一市（县），已经构建了以优质水稻与特色水果为主、蔬菜与畜禽水产等为辅的优势特色产业体系，形成了"1+3+6+3"现代农业产业集聚发展格局，并打造了"5+27"条乡村振兴示范带。此外，首创"小三园"建设、碳中和新乡村、田头智慧小站等,并在全省推广。

三是政策支持有力,创建积极性高。高州市在财政投入、用地指标、信贷融资及人才建设等方面进行创新探索。财政投入上,以拓宽政府投入渠道、推动涉农资金整合为重点,制定实施涉农资金统筹整合实施方案,建立上下联动、步调一致的涉农资金统筹整合长效机制。土地使用上,平均每年安排不低于10%的用地指标保障全市各类乡村振兴项目新增建设用地需求。信贷融资上,高州市出台了《高州市普惠贷款风险补偿基金管理办法(试行)》,加强对中小微企业复工复产的支持。人才建设上,积极实施"人才强市"战略,出台了《高州市引进高层次人才和急需紧缺人才实施意见》等科技创新和人才支撑政策文件;成立高州市乡村振兴人才驿站工作专班和高州市乡村振兴学院。

(三)高州市示范创建成效

高州市紧抓"百县千镇万村高质量发展工程"实施机遇,将乡村振兴示范创建工作与全面落实"百千万工程"紧密结合,积极探索乡村振兴示范创建高州典范,一幅宜居宜业和美乡村图景的画卷正在展现出来。从调研情况看,高州市乡村振兴示范县建设主要有以下突出成效。

一是乡村产业"兴"起来了。习近平总书记亲临茂名市视察之后,高州市大力提升荔枝保鲜技术,依托格力电器自主研发出荔枝专用保鲜移动装备,存储荔枝20天后好果率仍高达99.8%;建成"田头小站"149个,给予企业大户冷链方面的支持和补贴,吸引了23家企业投资,培育发展壮大36家省级农业龙头企业;成功引进广药集团,建设广东荔枝(茂名)产业园,高州荔枝从"小特产"变成了"大产业";打造了高标准的"三变"改革示范点40个;组建成立了高州市荔枝产业链党委,助力合作社发展。调研时合作社社长激动地说:"自从习近平总书记来了之后,我们对种植农产品更有信心,今年的荔枝卖得特别好,村民的收益十分明显!"

二是文旅融合"活"起来了。谋划建设乡村振兴示范带，串起各镇各村特色资源，在示范带上打造出特色产业镇村、特色圩街、"高凉墟"以及发展民宿、乡村夜市。甜美果海乡村振兴示范带年吸引游客超200万人次。石板镇高雄村的"奋进夜市"提供摊位300多个，解决就业600多人，经营农户人均月增收5000多元，村集体年增收20多万元。经发展，2022年，高州市城乡居民人均可支配收入比为1.43，位于全省最优行列。

三是村容村貌"美"起来了。完成了全市488个村社区规划方案编制，5822个自然村达到了干净整洁村的标准；建成30公里的"鉴江印象"示范带和39公里的"甜美果海"示范带，打造了多个示范片和元坝村、柏桥村、储良村、谷簀村等一批精品村。调研中不少村民津津乐道从干净整洁到美丽宜居的华丽转身，从一时美到时时美、长久美的巨大转变。

四是乡村治理"强"起来了。以基层党组织为核心、村民自治为基础、各举村级组织互动合作的乡村治理机制逐步健全；村干部组团带头入户宣传与整治环境卫生，发动群众参与，实现从"问题村"向示范村的蝶变。挑选"五老"人员，组建镇、村、组三级和谐促进会，化解村中矛盾纠纷，实现了从"上访大镇"到"零上访镇"的转变。

五是农民精神"旺"起来了。全域构建新时代文明实践阵地，建成一批耕读书院、文化长廊、文化广场等，村规民约逐渐健全，呈现出一幅乡风文明、治理有效的精美画卷。木广垌村村民激动地说："村里建起了文化广场，平时可以去那里聊天、跳舞，对现在的生活状态还是比较满意的。"

三、高州市推进乡村振兴示范县创建的主要做法

高州市紧抓省委"百县千镇万村高质量发展工程"实施机遇，将示范创建工作与全面落实"百千万工程"紧密结合起来，围绕"乡村建设、乡村发展、乡村治理、城乡融合"四个方面开展十大行动。

（一）以落实省级百千万工程为纲，衔接县镇村

高州市将示范创建工作与落实"百千万工程"紧密结合，以县城为载体，乡镇为纽带，村域为基本单元，统筹推进富县强镇兴村，实现县镇村三级联动。一是确定共同目标。出台《高州市全面推进"百县千镇万村高质量发展工程"促进城乡区域协调发展三年行动计划（2023—2025年）》，明确县镇村三级工作内容、建设内容，确保2025年成功创建国家乡村振兴示范县，迈进综合型全国百强县行列。二是提升路网通达力。推进城区外联交通项目建设，形成"三环九射十三联"交通大路网，将"四好"农村路、碧道、乡村振兴示范带、旅游线路结合建设，主要乡镇、产业园区和重点旅游景点实现二级及以上公路连通，主动融入茂名市"两轴—两个圈层"城市布局。三是推动差异化发展。围绕"镇有亮点、村有特色"，明确乡镇、村庄类型，分类建设，扶持专业镇做强主导产业，打造农文旅融合发展特色镇，提升县镇综合服务、承载能力，强化集镇联城带村功能作用，更好地促进城乡区域协调发展。四是完善工作运行机制。"百千万工程"指挥部设立"一办七专班"，建立指挥部办公室与专班工作协作机制，通过专题会、现场办公、每周例会等形式定期研究部署，以"周督办、月通报、季分析"方式推动重点工作落实。五是强化乡村振兴用地保障。确保每年预留不少于10%的建设用地用于优先保障农业农村产业发展用地，并积极争取上级用地指标支持。2022年乡村振兴项目使用土地29.3亩，占当年用地指标的18.36%。六是强化资金保障。深化涉农资金统筹整合，提高财政资金使用效益。2022年统筹安排涉农资金共9.7亿元，下达债券15亿元，其中用于现代农业设施建设和县镇村建设项目9.55亿元。七是强化人才支撑。构建具有高州特色的"1+N+X"人才政策体系，设立市人才专项资金，注重在乡村振兴工作一线选拔干部。

（二）以打造区域性公用品牌为干，联结产供销

高州市农产品品类繁多，以文化底蕴最深的"高州荔枝""高州龙眼"为重点，通过建强产业园区、壮大产业平台、打造区域公用品牌，架起"产供销一体化"的联结桥梁。一是建立标准体系。建立一套荔枝、龙眼、香蕉等产业质量标准体系和县、镇、村、基地、市场"五位一体"的监管体系，严格把牢从农田到餐桌过程中质检、准入、包装、品管、价格、营销的各个环节。二是建强产业园区。建设荔枝、龙眼、香蕉、丝苗米四个省级现代农业产业园，推动要素向园区集中、产业向园区集聚。三是壮大产业平台。多举措扶持农业龙头企业，实行"公司+基地+农户""专业协会+基地+农户"等订单式种植模式，采取"点对点"送科技下乡，推动规模化种植、产业化经营、品牌化运作。四是开拓销售市场。着重推进高州市农产品"12221"市场体系建设，开展"迎进来走出去"系列营销活动，为荔枝、龙眼等农产品产销对接搭建平台。五是提升科技含量。建设国家荔枝种质资源圃，打造荔枝种业"硅谷"，解决荔枝产业化过程中保鲜技术难题。六是传承荔枝文化。对200年以上的古荔枝树建档立卡，"一树一法"保护。上线"年份荔"，推出千年荔、五百年荔、百年荔。办好荔枝文化节、龙眼文化节、美食节。建成了大唐荔乡广场、贵妃广场、储良龙眼母树公园等一批人文景点，擦亮"杨贵妃吃的荔枝来自高州根子贡园""大唐贡品""世界储良龙眼发源地"等历史文化牌。

（三）以创建乡村振兴示范带为径，融合农文旅

高州市按照"以点为基、串点成线、连线成片、聚片成面"的思路，聚焦打造乡村振兴示范县、全域旅游示范县，以建设"乡村振兴示范带"推动"农文旅"融合发展。一是坚持规划先行。强化全域规划理念，因地制宜，从县镇村层面规划了"5+27"条乡村振兴示范带。动员沿线村的村民参与规划编制，确保规划设计接地气、能落地、可操作。二是加强农房建设管控。落实"一户一

宅、建新拆旧、带图审批、现场办公、管好工匠、管住材料"的工作要求，规范建房行为，加强农房风貌管控，塑造具有高州特色的岭南乡村新风貌。三是全域建设和美乡村。建立人居环境整治"户长制"，组织发动群众全面整治村庄脏乱差环境，打造"四小园"，全域提升农村人居环境水平和品质。四是丰富带上业态。在示范带上大力发展休闲农业、乡村夜市、特色民宿等业态。五是创新治理方式。推广高州市基层治理"微十条"措施，运用"清单制"、文明新风"积分制"，实践"联村党建、联村共建、镇村同建"等乡村治理模式，开展全市"平安大走访"活动，安排干部定期下沉到村居开展走访、接访，切实解决群众急难愁盼问题。

（四）以发展新农村电商产业为网，联合科工贸

高州市通过建立农村物流体系、加强电商培训、整合优化资源、提供高质量服务、做好物流降费提效工作等，充分发挥农村电商在对接科工贸的结合点作用。一是加强电商培训。定期举办直播带货、产品运营等技能培训，提高企业、销售大户、农民利用抖音、快手等平台销售荔枝的能力。目前，已培育电商龙头企业20多家，创建知名电商品牌30多个。二是整合优化资源。持续推动与淘宝、京东、抖音、拼多多等平台的沟通对接，联合开展品牌宣传推介会，加快线上+线下+实体市场的深度融合。三是建设产地冷藏保鲜设施。2021年以来，高州市共利用中央财政奖补资金2740万元，撬动社会资金1亿多元，按照"果蔬主产区全面建、水果优势区连片建、散点区集体建"的模式，建成冷藏保鲜设施263个，新增库容9.8万立方米，提升冷藏能力1.42万吨。创新建设集智能分拣、数据发布、新技术示范推广、仓储保鲜等十个功能于一体的"田头小站"，有效延长2倍到4倍储藏时限。四是做好物流降费提效工作。与物流企业沟通制定优惠方案，鼓励电商企业抱团发展，以更大的销售量换取更优惠的物流折扣，不断降低电商物流成本，努力实现果农、电商、物流及消费者四方共赢。五是建立农村物流体系。建设县级物流服务中心、镇级农村物

流服务站、村级农村物流服务点，以及4个以中心镇为单位的物流配送中心，实现县、乡、村三级物流配送全覆盖。截至2023年6月，已实现全市439个行政村物流覆盖率100%，镇级电商服务站点覆盖率100%。六是带动农民致富。发动全市4000多名致富带头人，通过农业合作社带动农户发展产业，利用电商网络为农产品打开销售市场，引领帮助"小农户"对接"大市场"。

四、高州市创建乡村振兴示范县的经验启示

在习近平新时代中国特色社会主义思想的科学指引下，高州市抓住推进乡村振兴的绝好历史机遇，通过组织联建、资源联用、利益联结、发展联盟，突出一个中心、实现两个联结、积累三个基金、壮大四个效益，朝着共同富裕目标不断前进。

（一）组织联建，党建引领，突出一个中心

高州市在创建乡村振兴示范县过程中创新性地以组织联建的方式落实党建引领，从实际出发想问题、作决策、办事情，确保乡村振兴战略落地不变形，不走样，为乡村振兴示范县创建工作提供领航保障。一是推动党建联村。在同一个区域、同一条线路上，因地制宜采用党建联村模式，指导成立项目建设临时党组织，协调解决跨区域项目建设难题，推行镇村联动、村村联动，区域内联治联产。实现区域化资源共享、抱团发展、多方共赢，有效联合推动项目建设，实现镇村同建同治同美。二是成立荔枝产业链党委。立足当地产业优势，依托荔枝产业协会，成立荔枝产业链党委，把党组织建在产业链上、党员聚在产业链上、荔农致富在产业链上，破解产业链上下游企业"联动难、同步难、配套难"等问题。荔枝产业链党委在全产业链上进行统筹指导，稳定价格、提供技术、开展培训，将党建优势转化为发展优势。

实践表明，高州市党建促产业振兴，充分利用了专业化党委的领航力量。

依靠党组织在一切工作中的引领作用，大力推动党建联村与产业链党委两大模式，创新性优化党建引领，突出一个中心，凸显创建国家乡村振兴示范县中的党建引领的重要意义，这是践行和深化习近平新时代中国特色社会主义思想，落地坐实习近平总书记在高州市考察调研讲话精神的重要举措。

(二)资源联用，强弱联合，实现两个联结

高州市结合当地实际，集聚组织资源，盘活自有资源，形成联强扶弱格局，绘就高州全域宏伟蓝图，谱写发展新篇。一是开展乡村振兴示范带建设。通过乡村振兴示范带建设发挥示范效应，形成以点带面、先进带后进的发展格局，打造出"5+27"条乡村振兴示范带，形成"以点为基、串点成线、连线成片、聚片成面"的发展格局，为全市其他乡镇建设典型示范提供了宝贵经验与实践借鉴。二是深化"三变"改革。通过引导村集体、村民以资金、土地山岭、房屋以及其他要素资源入股农业经营主体，构建紧密利益联结机制，推动实现"三变"与乡村产业发展良性互动。

实践表明，高州市通过乡村振兴示范带建设和"三变"改革，实现"强村联结弱村、先进联结落后"的双重联结效应，将原本零散发展的村庄集约起来，创建了共同富裕联合体。

(三)利益联结，统筹调动，积累三个基金

高州市以利益联动镇村力量，引导村民参加农民合作社，参与村集体经济发展，形成全民参与乡村振兴示范县创建强大合力。一是以乡村振兴大擂台为抓手打造示范标杆。通过以点带面，集中资源和力量打造好示范"点"，以镇村发展带动整市发展，先进村带动后进村，凝聚发展共识，鼓励全民参与，聚力美丽乡村，推动产业兴盛。二是以农村"三变"改革促进村民增收。开展农村"三变"改革，引导村集体以土地、资金等入股经营主体，采取"土地保底收益+经营收益分红"模式，增加村集体、村民收入。

实践表明，通过乡村振兴大擂台比赛和农村"三变"改革，促进村与村之间、合作社与社员之间、合作社与村委会之间、村委会与村民之间的利益联动，有助于把各镇村力量组织起来，凝心聚力。通过积累生存基金，筑牢了社会兜底保障底线；通过积累发展基金，盘活了土地资源，壮大了集体经济，增加了农民收入；通过积累风险基金，做到了风险共担、利益共享，提升了治理能力，助推了乡村振兴。

（四）面向市场，发展联盟，壮大四个效益

高州市立足自身自然资源禀赋的优势，深入谋划，以荔枝产业链党委发展优势，联合农业龙头企业和农民专业合作社、家庭农场等产业化联盟，打造区域公共品牌，发挥出联盟带动作用，壮大了四大效益。一是壮大政治效益。坚持党建引领，强化优势特色产业集群建设，区域特色经济日益明显，产生良性循环激励效应，政治效益产出明显。二是壮大经济效益。引导龙头企业与合作社、家庭农场、小农户建立密切利益联结关系，扶持农村集体经济发展，以保底分红、股份分红、利润返还、服务带动、就业创业等方式，带动农户增收，扩大产业受益面。三是壮大社会效益。以产业发展牵引人才、技术、资金等生产要素在城乡间平等交换、双向流动，实现城乡区域协调联动发展。四是壮大文化效益。将产业发展与美丽乡村建设相结合，依托红色、古色、绿色"三色"旅游资源优势和现代化农业产业基础，规划设计和打造了"冼太故里游""大唐荔乡游""美丽乡村游"3条乡村旅游精品线路，文化效益显著。

实践表明，高州市坚持新发展理念，走出了一条产业兴旺、生态宜居、乡风文明、治理有效、生活富裕的康庄大道，使人民群众获得感、幸福感、安全感更加充实、更有保障、更可持续，共同富裕取得了新成效。

五、乡村振兴示范县示范创建的制约因素

(一)土地要素制约

随着乡村振兴战略的持续推进,土地供应面临多方面的制约,建设用地指标不足,制约着农产品加工、物流、乡村旅游等项目的发展;原规划的用地空间在一定程度上制约着新产业发展,急需整合农村建设用地释放发展用地空间。高州市建设用地指标严重不足,用地指标与工业园区规划之间存在协调难题。一些新产业发展,如农产品加工、物流等项目建设,因为用地瓶颈,难以落地或者迟迟未能落地,导致项目建设成本增高。

(二)龙头企业约束

目前,高州市稳步扶持建设了一批龙头企业,但部分企业还存在以下问题:一是企业品牌影响力问题。高州市部分企业品牌建设和市场推广能力薄弱,限制了企业的竞争力和市场。二是市场开拓能力问题。高州市缺乏具有市场开拓策略、拓展销售渠道且在全省全国有影响力的、引领型的企业。三是企业人才和管理技能问题。高州市部分企业缺乏高端人才、缺乏现代企业管理技能,限制了企业发展。

(三)技术攻关缺位

农业科学技术是加快农业农村现代化,促进新型农村集体经济提质增收和建设农业强国的重要根基,农技推广工作存在以下问题:一是缺乏乡镇专业技术人员。乡村农技人员大多以调剂和借调的方式配备,并且承担着政策宣传、提供咨询服务和协助领导进行宏观指导规划等政务性工作。在技术培训、产业培育、项目实施、病虫害监测以及种植技术指导等公益性农业社会化服务工作中常会出现农技人员缺位的现象。二是缺乏技术成果转化与应用能

力。高州市以一产销售为主,在提升产品附加值、实现生产经营技术成果转化与共享等层面还未达到理想的状态。相关部门在创造技术成果转化、应用和共享的层面仍然缺乏有效的载体和手段。

(四)运管人才不足

高州市目前已开展乡村职业经理人工作,但仍存在人才引进政策吸引力不足和培养政策不健全等难题。一是项目管理困难。运营与管理人才主要负责监督项目的运行,确保各项工作按计划进行,协调各方资源和合作伙伴,解决项目中的问题和难题,缺少此类人才会使项目管理变得困难。二是产业发展困难。缺乏此类人才会导致产业运营不善、生产效率低下、质量控制不到位等问题,这限制了乡村产业的增长潜力,影响农民的收入和就业机会。

(五)相关政策限制

创建乡村振兴示范县需要充分发挥政策的支持作用,但同时也可能面临一些政策限制。一是财政资金限制。乡村振兴示范县需要大量的资金支持,包括用于基础设施建设、农村产业发展、乡村旅游推广等方面的资金。然而,政府的财政预算有限,无法满足示范县建设的需求。二是体制机制限制。乡村振兴示范县需要各级政府部门的协调合作和政策配套支持。由于行政体制和机制不畅、政府部门之间的协调不足等原因,存在政策执行不到位、资源分配不均等问题。三是土地政策限制。乡村振兴涉及土地流转、集约利用和规模经营等问题,但土地政策对于土地流转和土地利用仍存在一定的限制。

六、推进乡村振兴示范县高质量创建的对策建议

(一)破解土地要素瓶颈,推进产业园区落地

加强土地调查与规划。在全市范围内进行全面的土地调查,了解土地资源的分布、利用情况和潜力,制定科学合理的工业区规划,重点支持县市开展土地综合整治工作,盘活各类土地资源。在严守耕地红线基础上确保工业区用地的合理配置和充足供应,避免资源浪费和冲突。通过土地整治、再开发和综合利用等手段,提高土地利用效率和容量。

创新土地供应机制。全面落实土地要素保障,建立全市工业用地总量保护制度和补偿调剂机制,加强用地指标的规划和配置。保障重点项目用地需求,应采取外抓增量、内挖存量、节约集约等多种措施,全力保障工业项目用地需求。

加大"腾笼换鸟"力度。优化产业结构和盘活闲置土地相结合,盘活存量低效用地、闲置厂房和破产企业等存量建设用地,提高闲置土地利用率,加大"腾笼换鸟"力度,推进政策性关停,促进经济提档升级、提质增效,缓解能源"双控"及新增用地压力。

(二)助推企业质量提升,加快产业结构升级

完善支持政策,提供技术支撑。建议完善政策支持体系,包括财政补贴、税收优惠、技术创新奖励等,鼓励企业加大投入力度,提升产品质量和技术水平,打造一批有本土特色的企业。

加强产学研合作,鼓励企业间联盟。促进企业与高校、科研院所的合作,共同开展科研项目和技术创新,推动科技成果转化和产业化。推动企业间的合作与联盟,通过资源整合和优势互补,提升产业链的整体质量水平。鼓励企业间合作研发,共享生产设备和技术经验,推动产业全链条升级。

强化品牌建设和市场信息共享。鼓励企业依托农业农村特色资源,强龙

头、补链条、兴业态、树品牌，提升产品品牌知名度和市场竞争力。通过市场推广和营销策略，拓展市场份额，提高产品附加值和溢价能力。加强信息共享与创新创业支持，建立信息共享平台，为企业提供市场信息、行业动态和最新技术。

（三）优化农业技术指导，深化农业产业集群

优化农业社会化服务平台。通过官方媒体、微信公众号、钉钉、抖音、快手等平台创新农业技术，建立信息收集与反馈的统一平台。形成以专家为指导，农技人员为核心，村"两委"带头抓示范，农民进行生产实践的以示范户带动辐射户的农业技术推广新机制。

加大农技推广资金支持力度。建议实施财政专项计划，定期填补资金空缺，引入当地中小企业的资本合作，确保资金供给的稳定。设立专项财政资金，鼓励中小农户贷款，形成数字普惠金融的服务链条，提高金融服务的可获得性，实现偏远地区小微农户服务对象的下沉。

引进特色农产品产业集群。坚持开展良种、选育、引进、试验、示范推广工作，通过提高农产品的质量、挖掘农产品的附加值，结合农产品的种类、产地、加工等情况，通过包装设计、人文理念、功用效价等方式提升特色农产品的品牌化效应；引进高质量的研发团队研发特色产品，综合利用农产品价值，继续深化高校科研院所的全面合作，进一步提高产业的科技率。

（四）优化运管引进策略，助力运管人才发展

优化人才引进政策。建议提供吸引人才的政策支持，吸引高素质人才到乡村示范县工作、生活和创业。加大人才引进政策的宣传力度，向国内人才全面介绍政策优势和相关待遇，提高政策的知晓度和吸引力。

强化人才培训。重点加强村党组织书记和新型农业经营主体带头人培训，建议通过开展专业技能培训、农业技术推广、乡村产业发展培训，提高示

范县的人才素质和能力水平。加大对科学研究和创新的支持,加强科学研究和创新能力的培养,为人才提供良好的科研环境和资源支持。

建立人才引进网络平台。推动高校、科研机构和企业之间的合作,加强产学研结合,培养符合乡村需求的人才。与高校、科研机构、企业等建立合作关系,建设市就业创业发展基地和博士工作站、创业孵化基地、技能培训基地"三大平台",促进乡村人才培育,为农产品加工、农村电商等新业态提质增效。

(五)突破相关政策牵制,推动县市综合发展

争取更多的政策支持,多渠道筹集资金。积极寻求其他资金来源,如吸引社会资本、引入民间投资、开展公私合作等,鼓励和支持社会组织、社会资本、民营资本参与乡村振兴示范县建设,鼓励更多强村公司加入村庄整治、风貌提升、乡村改革的过程。

深入研究政策,强化合作与协调。了解相关政策的具体内容、目的和限制,并与相关部门进行沟通和解释,以确保对政策的正确理解。加强政府各部门之间的合作与协调,打破各部门之间的壁垒和利益冲突,形成统筹协调的工作机制。

推进农村土地制度改革,完善土地流转政策。通过土地整合和优化配置,提高土地利用效率;鼓励农民合作组织、农业企业等开展土地规模经营和产业链协作,提高土地的综合利用水平,增加土地资源的经济效益和生态效益。

执笔人:谢治菊　陈伟彬　谢彩芬　黄诗雅　钱柿初

郭　明　彭　玮　黎明霖　黄燕洪　黄美仪　许文睿

第十四章 ｜ 推进县域城乡融合发展：平湖案例

　　嘉兴市平湖市依据区位优势和禀赋特征，坚持城乡一体化发展，完善城乡要素流通机制，建立产业融合发展机制，健全全域环境提升机制，探索强村富民长效机制，构建乡村共治共享机制，是发达地区推进县域城乡融合发展的典型案例。随着平湖市城乡融合发展改革步入深水区，涉及的底层体制机制问题进一步显露，如财政投入压力大且不均衡、县城综合承载能力和辐射带动能力不强、城乡要素流动依然不流畅等，多种问题相互交织、相互影响，导致城乡二元结构一定程度上被强化。新阶段推进平湖市县域城乡融合发展，应着眼县域人口变动新趋势，立足相当数量农业转移人口"双向流动、亦城亦乡"新特征，以构建"城—镇—村"多层级城乡融合发展载体、梯度配置公共资源为主要抓手，以国土空间一体规划为引领，强化县城综合服务能力，引导农村产业提质升级，着力提升村级基础设施和公共服务水平，健全县乡村一体化发展体制机制，逐步实现县域内城乡基础设施功能大体相当、公共服务水平大体均等、居民生活质量大体等值。

一、平湖市基本情况

　　平湖市位于东海之滨，全市陆地面积557平方千米，海域面积1070平方千米，海岸线长27千米，下辖6镇、3街道，户籍人口51.65万人，常住人口68.75万人。2022年，全市实现生产总值959.6亿元，财政总收入133.3亿元，一般公共预算收入80.7亿元，城乡居民人均可支配收入分别达到74287元和46573元，城乡居民收入比为1.60∶1。

（一）区位地理优势突出

平湖市是接轨上海市的前沿高地。平湖市是浙江省接轨上海市和打造"虹桥金南翼"的第一站，杭州湾大桥的北岸桥头堡。境内连接上海市的主要通道达7条。全市开放型经济蓬勃发展，是全国首批对外开放的沿海城市之一、长三角首批最具投资价值县市之一，也是浙江省唯一经省政府批准的日商投资集聚区。已与全球170多个国家和地区建立了稳定的贸易往来关系，利用外资连续23年进入全省"十强"，已有JFE、日本三菱、韩国三星、韩国浦项制铁、美国ADM等世界500强企业（投资）落户。2022年，平湖市实际利用外资5.5亿美元，进出口总额911.8亿元。

（二）现代产业体系健全

平湖市是创业创新的滨海新城。平湖市现有2个国家级开发区、3个省级开发区和浙沪共建的张江长三角科技城、浙江省首个现代农业经济开发区、浙江省首批省级高新技术产业园区。产业集群特色鲜明，形成了"1212"的现代产业体系（数字经济+先进装备制造、新材料+时尚产业+生命健康、新能源），同时以现代物流、科技信息服务、金融服务、文化创意为主的生产性服务业和休闲旅游、现代商贸、健康养生为主的生活性服务业加速集聚，以优质稻米、绿色蔬菜、精品瓜果、高端花卉、特色菌菇、生态养殖和数字农业、农产品精深加工、农旅融合产业、现代种业为特色的新型农业正加快发展，是中国汽车零部件制造基地、中国LPG资源综合利用产业基地、国家火炬计划平湖光机电产业基地、中国服装制造名城、中国旅行箱包之都。

（三）生态宜居日益彰显

平湖市是生态宜居的田园绿城。坚持"生态优先"，建设"公园城市"，城市建成区面积50.4平方千米，城镇化率68.2%，绿化覆盖率41.3%，人均公园绿地面积16.1平方米，市域绿道达到286千米。平湖市被列为浙江省建设共同富裕示范区缩小地区差距领域的首批试点，是浙江省首批美丽乡村创建先进市、浙江省新时代美丽乡村示范市、浙江省全域旅游示范市、浙江省5A级景区城、浙江省无违建示范市，连续10年获得省乡村振兴（新农村建设）优秀县（市）称号，在嘉兴市乡村振兴（统筹城乡）考核中实现"七连冠"。建设"美丽平湖"，生态环境持续改善，"三改一拆""五水共治""五气共治"和美丽城镇等有力推进，四夺浙江省治水最高奖——大禹鼎，获得嘉兴市首个"五水共治"大禹鼎银鼎。民生保障持续加强，基本实现全民社会保险，社会养老保险、医疗保险覆盖率均保持在98%以上。

二、平湖市推进城乡融合发展的阶段历程

近年来，平湖市始终牢记习近平总书记嘱托，统筹城乡经济社会协调发展，坚定不移推进城乡一体化、城乡统筹发展、城乡融合发展，走过了不平凡历程。

（一）实践起步阶段（2003—2007年）

2003年7月，时任浙江省委书记习近平提出引领浙江现代化发展的总纲领和推进浙江各项工作的总方略，即"八八战略"。在"八八战略"指引下，平湖市制定了《平湖市城乡一体化发展规划纲要》，整体推进城乡空间布局、基础设施建设、产业发展、劳动就业与社会保障、社会发展和生态环境建设与保护"六个一体化"，把城乡一体化正式作为全市的重大战略部署全面推进，拉开了统筹城乡发展序幕。在这一阶段，平湖市明确了城乡联动发展、整体推进的战略导向，强化以城带乡，重点推动资源要素向农村倾斜，基础设施向农村延伸，社会事业向农村覆盖。自2006年起，平湖市一以贯之做好"统筹城乡发展"大文章，积极探索形成村集体经济"飞地抱团"发展模式，并持续走出了

一条从县域抱团到山海协作、东西部扶贫协作，从壮大村级集体经济到低收入家庭增收的精准消薄扶贫新路，为浙江省高水平建立共同富裕示范区提供了平湖方案。

（二）全面实施阶段（2007—2012年）

2007年10月，党的十七大提出"统筹城乡发展，建立以工促农、以城带乡长效机制，形成城乡经济社会发展一体化新格局"。2008年，浙江省委、省政府赋予嘉兴市统筹城乡综合配套改革试点的重任。以此为契机，2009年，平湖市制定出台了《关于以"两分两换"理念推进农房改造集聚加快现代新市镇和城乡一体新社区建设的意见》，开展以"两分两换"优化土地使用制度为核心的"十改联动"，全市面上推开"两新"（新镇市、城乡一体新社区）工程建设。平湖市紧紧围绕建设"上海南翼开放型经济强市、杭州湾北岸现代化港口新市、江南水乡生态型文化大市"，坚定不移实施"与沪同城、产业提升、城乡一体、以港兴市、创新引领、生态立市"六大战略，加快转型发展，确保"十二五"中后期率先全面建成小康社会，在此基础上，继续向率先基本实现现代化迈进。

（三）深化完善阶段（2012—2017年）

2012年10月，党的十八大提出"加快完善城乡发展一体化体制机制，着力在城乡规划、基础设施、公共服务等方面推进一体化，促进城乡要素平等交换和公共资源均衡配置，形成以工促农、以城带乡、工农互惠、城乡一体的新型工农、城乡关系"。2013年，平湖市制定出台了《关于全市深化农村改革推进城乡统筹发展的实施意见》，以加快实现统筹城乡融合发展为总目标，全面深化农村改革，加快提升现代农业，创新农村经营制度，促进农民持续增收，有序推进"两新"工程，深化美丽乡村建设，加强农村公共服务和社会管理，推进"三农"转型发展、城乡融合发展。2016年，印发《关于落实发展新理念加快城乡融合发展的实施意见》，牢固树立创新、协调、绿色、开放、共享的新发展理念，大力实施农业农村"十三五"规划，深化农村改革，加快农业转型升级，提升美丽乡村建设水平，努力打造园区农业创新版、美丽乡村升级版、城乡一体融合版。

（四）深度融合阶段（2017—2023年）

2017年，党的十九大作出了实施乡村振兴战略重大决策部署，明确提出建立城乡融合发展体制机制和政策体系。2019年，嘉兴市全域入选国家城乡融合发展试验区。根据《嘉兴市推进国家城乡融合发展试验区建设工作方案》等文件精神，先后制定出台《平湖市推进国家城乡融合发展试验区建设工作方案》、2022年及2023年《平湖市推进国家城乡融合发展试验区建设工作要点》，加大力度建立健全全域土地综合整治与高效配置长效机制，健全进城落户农民依法自愿有偿转让退出农村权益制度，深化农村集体资产股份合作制改革持续增加农民收入，建立农村集体经营性建设用地入市制度，打造城乡产业协同发展先行先试平台，探索建立生态产品价值实现机制，健全城乡基本公共服务一体化、均等化发展体制机制，分步骤、分阶段纵深推进国家城乡融合发展试验区建设。

三、平湖市推进城乡融合发展的做法成效

平湖市坚持新型城镇化和乡村振兴双轮驱动，以城乡一体的空间布局为统领，着眼于破除现行体制机制束缚，全面推动城乡各领域的制度并轨、体制统一。

（一）完善城乡要素流通机制

近年来，平湖市以"共富改革"为抓手、以"共建共享"为目标，积极推动

要素在城乡间双向流动,持续缩小城乡差距。一是加强农业用地保障。着力完善设施农用地政策,降低农业产业化项目用地初始成本,细化原有用途基准地价。推动城乡融合发展用地审批"最多跑一次"改革,针对重大农业产业项目制定《一项目一流程审批服务表》,确保各类农业产业项目在获得指标后第一时间落地建设。二是优化资金投入格局。建立健全财政优先保障、金融重点支持、社会资本参与的多元投入机制,稳步推进涉农资金统筹整合,优化资金使用结构,创新财政资金使用方式,探索农业领域政府和社会资本合作,推动金融服务创新,撬动金融和社会资本重点投向平湖市农业经济开发区和现代农业示范园的农业基础设施建设。三是加大人才引育力度。完善人才制度和柔性引才机制,积极创设搭建农村人才引育载体平台,在建立城市人才入乡激励机制与科技成果入乡转化机制方面,印发《关于加快推进乡村人才振兴的意见》《关于高质量推进乡村人才振兴的实施意见》,对引进农业科技领军人才和领军团队、农业高层次人才给予项目及引才补助。

平湖市城乡要素双向流动初步实现。一是实现"人"的城乡双向流动。近年来,平湖市成功培育农业领域省级以上高端人才2名;成功引进硕博高层次创业类人才8名;成功引进创新类农业人才2名,海外工程师1名,省领军型团队1个。二是促进"地"的区域统筹规划。平湖市"三区三线"成果划定正式启用,较上一轮核减耕地7.6万亩、核减基本农田5.5万亩,新增用地规模3.2万亩。三是实现"钱"的区域流动。依托"数字乡村大脑",与"浙里担"贯通全市粮食种植主体1.6万户和渔业养殖主体343家信息,增强农业融资覆盖面、便利度、真实性。

(二)建立产业融合发展机制

近年来,平湖市积极推进一二三产业融合发展,加快转变农业发展方式,建强现代农业产业体系。一是建设城乡产业协同发展平台。2018年,完成马拉松赛道、农展馆、园区道路桥梁等13个基础设施建设项目,总投资超过1

亿元。在项目招引上，围绕"农业硅谷、农创高地"的定位，严把项目准入关，加快种源研究、种植培育、产品加工、休闲旅游等新产业新业态新模式发展，打造以设施农业示范园等一批科技型、融合型、示范型、总部型的农业"四新经济"项目。二是推动农村一二三产业融合发展。完成全国农村一二三产业融合发展先导区创建规划，入选第二批全国农村创新创业典型县。广陈镇入围省级休闲乡镇，当湖街道"景观花海"入选省"最美田园"，"醉美花海2日游"入选省休闲农业精品线路。2023年，平湖市成功举办"产业谋融合·双强促共富"第七届农业经济洽谈会（简称"农洽会"），签约农业招商引资项目30个。三是探索数字乡村发展新模式。创新城乡信息化融合发展体制机制，出台《平湖市数字农业建设三年行动方案（2018—2020年）》《平湖市数字农业示范园（区）创建实施方案（试行）》。围绕生产管理、流通营销、行业监管、公共服务、乡村治理五大领域，开展金平湖"1+1+N"数字乡村"大脑"建设，即建设1个数字驾驶舱，打造1个数字化绿色发展先行区，开发"N"个特色业务应用，打造云购、云享、云观、云游、云创五个数字化应用体验专题，体验一键游乐购、一宝享文明、一图观"三农"、一路游乡村、一芯创未来。

平湖市产业融合发展程度不断加深。一是农业产业结构不断升级。全市13个项目列入省级农业农村重大项目实施计划，完成投资5.4亿元，完成率105.8%。2022年，平湖市第一产业实现增加值16.4亿元，增长2.6%，三次产业构成比例为1.7：61.1：37.2（第二产业的比重高）。二是农业经营体系不断完善。截至2021年底，平湖市拥有家庭农场810家，经营面积9.31万亩，农民专业合作社212家，带动农户8.1万户，农业产业化龙头企业53家，农业社会化服务组织224家。三是农民人均收入不断提升。2022年，平湖市农村居民人均可支配收入达到46573元，农民工资性收入、经营性收入、财产性收入、转移净收入比例更加优化。

（三）健全全域环境提升机制

近年来，平湖市积极构建农村人居环境全域秀美长效机制，努力推动乡村环境美丽蝶变。一是全域化打造美丽乡村。大力实施"金平湖·美丽乡村"建设三年行动，深入推进风景线、示范镇、精品村、重点村建设。将"土地整治+农地+农居+产业+旅游+生态"的"五加"模式与村庄规划编制、农用地综合整治、农村建设用地整治、农村基础设施提升、生态环境整治修复"五大"工程相结合，因地制宜开展全域土地综合整治与生态修复，积极打造"平湖风景"。二是全要素推进土地综合整治。高质量编制村土地利用（村庄）规划，持续推进农用地综合整治，启动耕地集中连片千亩方永久基本农田示范区建设，完善农业基础设施，挖掘耕地后备资源潜力，盘活闲置、荒废耕地。强化小城镇环境整治，加强对"两高一低"和"低效散"企业腾退整治，盘活存量建设用地。三是全方位推动农业绿色发展。深化"肥药两制"改革，推广应用低耗、高效、清洁化的绿色深加工技术，提高产品附加值。推动农药化肥使用量实现零增长并持续减量，创新提出农田尾水"零排放"模式，加快"农业投入品减量化、废弃物资源化、产业模式生态化"绿色发展。

平湖市全域环境整治提升成效显著。一是绿色循环体系完善。截至2023年6月，已完成108项各类"无废城市细胞"建设，废弃物排放二氧化碳当量2021年为25.59万吨。二是农业减污降碳增效显著。目前平湖市主要农作物测土配方施肥覆盖率达93%以上，绿色防控技术推广面积22万亩，农药、化肥减量均达到4.6%，全市近20万亩粮食功能区，每年减排量可达4万吨。三是美丽乡村建设效果显著。近5年，全市统筹用于农村公路建设和养护资金6.19亿元，农村公路总里程建成超398公里；创建省级高标准农村生活垃圾分类处理示范村6个，农村生活垃圾源头分类准确率90%以上；完成嘉兴市民生实事公厕项目，新建农村公厕10座、改造提升6座；加快推进农村生活污水治理，行政村覆盖率达到96%，标准化运维率实现100%。

（四）探索强村富民长效机制

近年来，平湖市聚力推进强村富民计划，走出了一条从镇域抱团、市级飞地到山海协作、东西部扶贫协作的品牌升级扩容之路。一是深化农村产权制度改革。建立县（市）级农村产权交易中心，推动农村产权流转交易公开、公正、规范运行。深化"股份分红+善治积分"收益分配模式，实现积分管理、股金分红、普惠金融等功能数字化。完善农村产权价值评估、交易流转等配套机制建设，创新村集体资金无现金结算、村级工程项目在线管理、"积分制"股份分红新模式，三资管理有效性、小微权力监督力、服务群众满意度全面提升。二是拓宽农民增收渠道。加大经营性收入扶持，重点以财产性收入为突破口，多元化拓展农民增收渠道。连续实施六轮强村富民工程，实施"飞地抱团"强村模式、低收入家庭持股增收计划，创新"1+8+N"共富体系，促进农民财产性收入增长。探索开展"集体+农户"模式，创新推进农民入股"众筹"增收计划，实施"股份分红+善治积分"集体收益分配模式，多途径增加农民收入。三是创新低收入农户帮扶机制。深入开展强村帮扶，实施低收入农户全面小康计划和新一轮"强村计划"，创新完善扶贫工作制度、"一户一策一干部"帮扶机制和"一年一调"动态管理机制。印发《平湖市低收入农户高水平全面小康计划实施意见（2018—2022）》，实施产业帮扶、创业就业、综合保障、公共服务四大行动。

平湖市强村富民共富机制基本建立。一是抱团集体经济，实现强村增收。2022年，平湖市村集体收入相比2021年提高9.8%。二是建立村民分红机制，实现富民共富。平湖市新仓镇建立的粮食全产业链，设置了持股分红和本地二次分红，其中持股分红包括市供销社10%、新仓供销社24%、新仓强村公司15%，社会化服务公司51%。三是统筹城乡基础保障，人民社会保障体系完善。2022年全市不含嘉兴港区新增城乡就业1.9万人，帮助失业人员实现再就业7207人。2022年，城乡居民基本养老保险和城乡居民基本医疗保险参保人数分别达到9.4万人和16.8万人。

（五）构建乡村共治共享机制

近年来，平湖市创新推广"股份分红+善治积分"乡村治理模式，形成了共建共治共享的乡村治理新格局。一是创新乡村治理机制。推进"四平台一网格"迭代升级，深化6大治理金名片提升工程，加快打造平湖县域社会治理2.0版。大力推进乡村治理积分制改革，激发乡村自治活力，加大"股份分红+善治积分"嘉兴市地方标准和"善治宝"微信小程序推广应用力度，推动"股份分红+善治积分"模式标准化实施和乡村治理数字化转型升级。二是加快农民住房改善。调整优化村庄规划，编制完成"1+X+N"村庄布点规划，全市村庄布点从原来"46+54+30"调整到"47+49+107"，完成全市"N"点和有调整的"X"点村庄规划修编。印发《平湖市农村村民建房管理办法（试行）》，出台宅基地置换公寓房、建房联审联办等四项制度。实施农民住房改善行动，开展农房设计落地试点，制定《平湖市高水平推进农村住房建设试点工作打造"金平湖江南水乡民居"典范实施方案》，编制完成新版《平湖市农房设计通用图集》。三是促进公共服务普惠共享。启动全国义务教育优质均衡发展市创建，推进集团化办学和城乡学校共同体建设，10所城区中小学与22所农村中小学结对。出台《平湖市发展学前教育第三轮行动计划（2017—2020年）》《平湖市镇（街道）学前教育管理体制调整实施意见》等政策，进一步优化学前教育资源配置，推进城乡学前教育优质均衡发展。四是健全乡村医疗卫生服务体系。推进平湖市南市医疗服务中心、市一院扩建工程、市一院感染楼应急用房、新仓镇医疗服务中心项目投入使用。推进区域医学中心建设，加大公立医院医疗资源整合力度，推进市一院眼科诊疗中心和市妇保院妇产诊疗中心等区域医疗中心建设。完善《平湖市突发公共卫生事件应急预案》，有序推进市疾控中心迁建。实施人才引育"领雁工程""青蓝工程""攻玉工程""归巢工程"，加快新招引各类卫技人才。五是统筹城乡就业和社会保障体系建设。出台城乡居保基础养老金挂钩调整办法，明确根据上一年度全市农村居民人均可支配收入增长比例，确定基础养老金增长比例。推进参保登记、基本信息修改等25项社保业务下延至各镇街道便民服务平台，打造社保经办"15分钟服务圈"。推进人社领域"一件事"集成改革，优化完善企业职工退休一件事等10个"一件事"办理流程，强化部门间数据共享和业务协同，实现企业和群众一件事窗口、网上、掌上办理三位一体。

平湖市乡村治理现代化水平明显提高。平湖市完成建设省级民主法治村6个、嘉兴市级民主法治村10个。扎实推进全国农村社区治理实验区建设，建立了8个镇街道友邻中心、27个友邻站、250个友邻点，全面搭建"三级网络"，平均每个社区有20个以上社会组织，辐射服务2万多人。全面构建"家庭—网格—网格长—村—镇街道—市"五级便民服务网络，推行全科网格化管理，全市共分网格457个。深化"作家驻村"助力乡村振兴，精心挑选18名作家到18个村驻点。

四、平湖市县域内城乡融合发展面临的难点和问题

平湖市依据区位优势和禀赋特征，在推进县域内城乡融合发展诸多方面进行了积极探索，实现了一定突破，但随着城乡融合发展改革步入深水区，涉及的底层体制机制问题进一步显露。

(一)城乡要素流动依然不畅

由于城乡之间的户籍壁垒、统一建设用地市场的缺失、金融资源配置失衡等问题的存在，引致了人才、资金等要素向城市净流入的格局。一是土地制度改革还差"最后一公里"。因农村户籍含金量增加、宅基地退出补偿预期值较低以及宅基地退出长效机制尚未完善等原因，农民宅基地退出积极性不高。二是设施农业用地难问题突出。一方面，用地资源供给难。在开展"三区

三线"划定时,平湖市划定的永久基本农田比例超过90%,能用于调整成为设施农用地的耕地数量非常少,而一些连片平整的耕地早已被规划使用。另一方面,"进出平衡"实施难。新型农业经营主体申请使用设施农用地,需在有补充耕地的前提下由乡镇向县级自然资源部门报批。补充耕地不仅涉及多个部门,协调困难,补偿价格也较高,每亩高达10万~20万元。三是户籍制度改革面临双向流动困局。平湖市人口市民化带来的公共支出负担压力较大,如何分担农民工等市民化成本依然存在分担主体不清、支出责任不明等问题。此外,入乡返乡人才稀少,平湖市仍以"乡—城"单向流动为主。四是城乡融合发展中资金不足的短板突出。2022年平湖市农村商业银行贷款结构中,县域占比高达近七成,真正用于农村的并不多。农村金融机构覆盖率偏低,涉农贷款产品与农业农村发展资金需求不匹配,涉农贷款存在门槛高、担保难、抵押难等问题仍没有从根本上破题。

(二)城乡社会公共服务一体化存在差距

社会公共服务发展水平不平衡是城乡发展不平衡的重要方面,也是乡村发展的短板所在。一是城乡社会保障差距明显。与城镇职工医疗保险相比,平湖市农村社会保障水平依然有很大差距。在养老保障领域,农村居民参加的城乡居民基本养老金水平远低于城镇职工养老金,2022年平湖市农村居民基础养老金为320元/月,和城镇职工基本养老保险3600元/月相比,不足6%。二是城乡教育资源分配不均衡。无论是在校园校舍、教学设施、仪器设备等硬件方面,还是在师资力量等软件方面,平湖市县城和乡村仍有一定差距,特别是在师资配备上,农村年轻教师和优秀教师数量较少,虽然每年有一定数量教师派遣到农村学校,但真正想留下的不多。三是城乡医疗卫生资源配置不合理,县城医疗资源不足且低端、农村医疗资源重复且无效。县域内医疗机构功能定位不明确,特色专科不突出,存在医疗资源的重复建设、局部性浪费和互相竞争病员现象,平湖市共有14家公立医疗机构,相同业务占比超过八成,医院整体实力欠缺，没有1家获评三级及以上资格医院。全县医疗卫生队伍高学历、高层次卫生人才招引仍较困难，2021年以来，全县因各种原因离职人员累计76人。

（三）乡村建设存在堵点，县乡村三级功能衔接互补的格局尚未形成

一是县域国土空间规划编制欠科学。一些乡镇、村庄规划编制缺乏科学规划，部分编制未达到政策预期。当湖街道大胜村在2003年就被规划为整合拆迁村，但由于规划编制一改再改，截至2023年6月，仍有69户农户尚未拆迁，由于政策宣传的是该村已列入拆迁村，所以为避免资源浪费，村内基础设施基本没有更新，直接影响村民正常生产生活。二是城乡基本公共设施供给差距较大。平湖市城乡基础设施和公共服务供给呈现典型的"城市—县城—建制镇—乡驻地—村庄"梯度递减的显著特征。在基础设施方面，大部分仍以中心城区为主，城乡一体、同步推进的不多，农村地区存在总体规模不足、设施质量不高、保障水平低等问题。三是县乡规划未能满足农村人口规模和结构深刻变动。乡村文化设施遇冷现象较为普遍，农家书屋、农村大舞台、村史馆、村文化室等公共文化设施在农村逐渐推开，建设力度很大，但部分文化设施建设不符合老百姓需求，利用率低、闲置率高，未达到应有的效果。

（四）县域经济发展缺乏内生动力

一是县域经济发展存在层层"虹吸"现象。行政力量推动、产业发展不平衡和公共服务发展不均衡，导致县域产业和人才被大城市虹吸，乡镇资源被县城虹吸。2022年，平湖市经济技术开发区占全市经济总量的22%，而广陈镇占比仅2%，有六成街道占比在6%以下。二是村集体经济发展形式单一，增长乏力。多数强村公司收入来源是乡镇原有项目，更多是靠乡镇一些政策性、垄断性资源实现盈利，如租赁、依托政府对口支援的项目等。同时，大多数强村

公司董事会成员为乡镇工作人员和村"两委"成员，投入公司经营的时间和精力有限，同时缺乏专业的公司决策和市场预判能力。三是村民增收存在制约。2022年，平湖市农民增速为6.1%，较2019年降低近4个百分点。一方面，工资性收入不稳定。农民外出务工主要从事的是替代性强、劳动密集型的工作，多数月工资水平在3000~5000元，甚至没有签订固定务工合同。另一方面，农民家庭经营性收入增长难。受制于农业生产成本"地板"和农产品价格"天花板"双重挤压，农民收入增长空间受限。

（五）城乡社区治理难点依然在乡村治理

一是乡村治理能力和水平亟待提升。随着农村"空心化"越来越严重，农村共商共治机制"形同虚设"，部分村民不了解、不关心集体事务，部分基层干部对"共商共治"缺乏重视和主动性。二是新型农村社区管理难度大。平湖市以"易地搬迁""集中居住"等方式建立的新型农村社区为基层治理和居民生活带来了巨大挑战。平湖市新型农村社区除本村居民，还有外来务工人员、企业、单位等管理对象，增加了社区管理、服务、协调的难度。三是强镇扩权需辩证把握。强镇扩权虽然能够在一定程度上提高镇政府的积极性，但放权改革可能会带来一些问题，如何更好监督扩权的镇政府的权力运行问题，如何重新设定区、镇利益格局问题，如何处理好扩权与精兵简政关系等，这些都需要稳慎推进和深入研究，处理不慎可能会引发一些社会矛盾。

五、推进平湖市城乡融合高质量发展的政策建议

新阶段推进县域城乡融合发展，应以国土空间一体规划为引领，强化县城综合服务能力，引导农村产业提质升级，着力提升村级基础设施和公共服务水平。

（一）推进县域国土空间一体规划，加快形成县乡村功能衔接互补新格局

一是加快县域国土空间规划编制。尽快完成县级国土空间规划编制，统筹布局县域公共基础设施、公共服务设施、生活服务设施。有序推进乡镇国土空间规划编制工作，可与县级国土空间规划合并编制，也可以几个乡镇为单元一起编制。科学确定村庄分类，合理划分城郊融合、集聚提升、特色保护、搬迁撤并等类型村庄。二是打造多层级城乡融合发展节点。选择若干发展基础较好、产业支撑较强、区位条件较佳、人口规模较大的乡镇，规划为中心镇，提高建设标准。选择一批特色产业鲜明、自然资源丰富、治理能力较强、集体经济较为发达、人口集聚趋势明显的村，规划为中心村，按照集镇标准进行规划建设，打造成乡镇内部的次中心，服务辐射周边村庄。三是分类有序推进实用性村庄规划编制。集聚提升类、特色保护类等建设需求大的村庄加快编制，城郊融合类的村庄可纳入城镇规划统筹编制，搬迁撤并类的村庄原则上不单独编制。村庄规划需充分考虑农村特点和农民需要，立足现有基础，保留乡村特色风貌。

（二）推动城乡基本公共服务均等化

建立城乡基本公共服务均等化评价指标体系，规范公共服务的运行与评价等程序，提升公共服务效率和质量。在教育上，推进学校布局优化调整，适度集中办学。推动以城带乡、以强带弱、城乡一体辐射式划分学区，创建义务教育优质发展共同体。在文化服务上，构建县、镇、村"三级文化馆"服务体系，实行"文化下派员、村级专职文化管理员制度"。整合文化馆及镇（街）文化站和村（社区）综合性文化服务中心等各类资源，形成场馆服务、流动服务和数字服务相结合的公共文化服务网络。在卫生服务上，健全重大疾病预防控制体系，强化重大疫情和突发公共卫生事件联防联控机制。加大区域医疗

中心和区域医疗卫生次中心建设，推进乡镇卫生院（社区卫生服务中心）、村卫生室（社区卫生服务站）标准化建设。加快落实分级诊疗制度，推动实现城乡"15分钟卫生服务圈"全覆盖。在便民服务上，赋予县级更多资源整合使用权，强化县城综合服务能力，把乡镇建设成为服务农民的区域中心，提升村级就近便捷服务农民的能力。建立服务事项下放机制，完善便民服务体系，依托乡镇便民服务中心，整合资源，统筹推进城乡低保、就业创业、社会保障等政务服务。

（三）扎实推进农民增收共富

一是加快构建现代乡村产业体系。完善利益联结机制，支持通过订单收购、股份合作等多种经营方式，实现小农户与现代农业发展的有机衔接。立足农产品加工业，延伸产业链、拓展价值链，推动农业从种养环节向二三产业延伸，拓展农业增值增效空间。积极培育乡村休闲、电子商务、创意农业等农村新产业新业态，为农业增效、农民增收注入新动能。二是盘活用好乡村资产。鼓励农村集体经济组织成员利用自营、出租、入股、合作等方式，发展乡村新产业、新业态，有序盘活农村闲置宅基地和闲置农房。建立健全集体经营性建设用地入市增值收益分配机制。探索建立集体经济组织风险防控机制，构建权能完整、流转通畅、监督严格的农村集体财产管理制度体系。完善农村集体收益分配机制，激发农民参与集体经济发展的积极性、主动性和创造性。三是推进以人为核心的新型城镇化。深化户籍制度改革，促进农业转移人口进城，通过取消落户限制、降低社保缴纳年限、实施城市间社保缴纳年限累计互认政策等方式放宽放开落户条件，进一步提高落户便捷程度。提高农业转移人口劳动技能素质，促进转移人口稳定发展，通过提高职业技能培训、扩大职业技能培训覆盖面等方式，帮助进城农民拓展就业渠道。

（四）加快城乡社区服务体系建设

一是健全乡村治理体系。深化乡村治理体系改革，完善村级协商议事机制，推广村级组织依法自治，落实村级组织依法协助政府委派工作的"清单制"，切实减轻村级组织负担。防范农村家族或宗族势力对农村基层政权的侵蚀和影响。加强农村法治宣传教育，加强农业综合行政执法能力建设。二是促进农民精神富裕。提高乡村公共文化服务，增强乡村公共文化服务有效供给。丰富乡村文化生活，旗帜鲜明地反对各种不良风气和陈规陋习，激发农民群众参与精神文明建设的热情。发掘利用传统乡土文化资源，推动民俗文化、民间技艺等保护性传承、创新性转化，做优做强乡村文化产业。

执笔人：王　莉　郭　军　来晓东